ポリ袋でレンチンおかず

電子レンジでこんなにおいしい!

ごはん同盟
しらいのりこ

主婦の友社

はじめに

〝ポリ袋でレンチンした蒸し鶏が、いちばんおいしい〟

この本を作るきっかけともなった「レンチン蒸し鶏」(p.14で紹介しています)は、
「ポリ袋」と「電子レンジ」を使って、湯せんの力を利用して作る蒸し鶏です。

この調理法は、偶然の思いつきから生まれました。
ある日、なべで蒸し鶏を作ろうと、ポリ袋に鶏肉を入れ、調味料をもみ込み、
水に袋ごとそーっと沈めて空気を抜いてました。
(こうすると、下味がよくしみ込むんです。いわゆる真空調理というもの)。
そのときです。「このままレンチンしたらどうなるんだろう」と考え、
そのまま電子レンジに入れてみました。待つこと10分強、とり出したら、
しっとりと、やわらかい蒸し鶏ができ上がってしまったのです。

「え、まじで? 電子レンジでこんなに簡単に
おいしくできちゃっていいわけ?」

と、ビックリ。再度、レシピ化するために数値を出して検証し、
このレシピをSNSで公開すると、その手軽さとおいしさから、
多くの人たちがレンチン蒸し鶏を作ってくれました。

「もうわが家の蒸し鶏はこれしかないっ」
「なべに湯を沸かさなくていいなんて」
「週に2~3回は作ってます」
「このレシピにどんなにお世話になっていることか」

このようなうれしい報告を、ほぼ毎日いただきました。
それ以来、このレンチン湯せん方式に開眼した私は、次から次へといろんな肉料理に着手。

時には加熱が足りず生だったり、加熱しすぎてかたくなったりと失敗をくり返しながらも
何度もチャレンジし、蒸し豚、チャーシュー、そしてローストビーフ、ツナまで、
思いつくままに試作を続けました。

もう、これが楽しくてしょうがない。

この調理法には、つい夢中になってしまう実験的な楽しさがあるんです。
だって、袋に入れてもみもみチン！だけで立派な肉料理ができるんだもの。

そして、このポリ袋を使った電子レンジ料理に可能性を感じた私は、
おかず作りまで手を広げました。いままでコンロでしか作れないと思っていたおかず、
もしかして「ポリ袋」と「電子レンジ」でできちゃうかも!? と思い、
いため物や煮物、蒸し煮など、あらゆる料理を試みました。

その中で、**これならわが家のふだんの**
おかずにして申し分なし！と思えるものだけを、本書で紹介しています。

私はいまこそ声を大にして言いたい。

「蒸し鶏はポリ袋でレンチンがいい！」
「おかず作りも野菜の下ごしらえも、ポリ袋レンチンでできる！」
「きちんとレシピどおりに計量して！」（電子レンジ調理ではこれ重要）

毎日料理している人も、初めて料理する人も、
まずはこの本の中から、１つだけでもいいから試してみてください。
楽しくておいしい世界が、どんどん広がりますよ〜。

しらいのりこ

ポリ袋×電子レンジが
いつもの料理を簡単にしてくれます。

「材料を袋に入れてレンジでチン！」このシンプルな調理法の可能性に気づいて以来、いろいろと試してみると、いつもの定番料理が電子レンジでも作れることに驚きました。一度やり方を覚えたら、なんて簡単！　そして、おいしい！
みなさんに、声を大にしてお伝えしたいポイントをまとめました。

1 電子レンジまかせなので、あわてません。

レシピ本に書いてあるとおりに作ったら、たいていのお料理はおいしく仕上がるはずなのですが、この〝レシピどおり〟というのが実は結構難しい！ 特に火かげん。そして、フライパンやなべに材料を入れるタイミング……。料理作りに慣れている人でも、うまくいかないこともあります。でも、電子レンジ調理なら、材料を袋に入れてスイッチ「ピ！」でほぼ完成。あわてることなく、誰が作ってもおいしく、しかも安全に調理できるところが気に入っています。

2 レンジ加熱している間は自由な時間。

材料を入れたポリ袋をボウルにセットして、スイッチを押したら、ほんの束の間ですが、そこはフリータイム。器を用意したり、たれを作ったり、ほかの家事をすませたり。もちろん、ちょっと休憩してもいいですね。加熱が終わったら、電子レンジが「チン！（終わったよー）」と教えてくれます。料理に時間をかけられない人にこそ、おすすめの調理法です。

3 感動するほど、洗い物なし。

使う道具は、耐熱のポリ袋と耐熱ボウルだけ。だから、驚くほどに洗い物が出ません。ボウルも湯せんや受け皿として使うだけなので、調理が終わってもほとんど汚れず、キッチンが散らからないので、掃除もラクちん。料理を清潔な環境で気持ちよく作れます。ポリ袋もいつも新しいものを使うので、とても衛生的です。

4 仕事や家事のすきま時間に最適な調理法です。

「材料を準備してポリ袋に入れる」「レンチンして放置する」「必要があればまぜる」など、ポリ袋レンチンは調理のステップが区切りよく分かれています。朝ごはんやリモートワーク中の昼ごはんなど、時間がないときでも〝すきま時間〟を利用して作ることができるんです。少しの間なら袋のまま冷蔵保存できるのも利点です。

5 少量の調味料や油でも十分においしい。

ポリ袋を使って味をつけることで、調味料が食材全体に行き渡りやすくなります。塩分や油分を抑えることができるのでヘルシーなおかずに。また、調理中の水分の蒸発も防げ、ほどよくしっとり仕上がります。

必要な道具はこれだけ！

基本の道具は3つ。ポリ袋とボウルは「耐熱性」のものを選んでください。

電子レンジ

●加熱時間はワット数に合わせて

本書では「600W」で加熱した場合の時間を記載しています。お持ちの電子レンジが「500W」の場合は加熱時間を1.2倍に、「700W」の場合は加熱時間を0.85倍にしてください。電子レンジの機種や加熱する食材によって熱の通り方が異なるので、加熱が不十分であれば、20〜30秒ずつ追加加熱してください。

600Wの加熱時間	500Wの加熱時間	700Wの加熱時間
1分	1分10秒	50秒
2分	2分20秒	1分40秒
3分	3分40秒	2分30秒
4分	4分50秒	3分20秒
5分	6分	4分20秒
6分	7分10秒	5分10秒
7分	8分20秒	6分
8分	9分40秒	6分50秒
9分	10分50秒	7分40秒
10分	12分	8分30秒

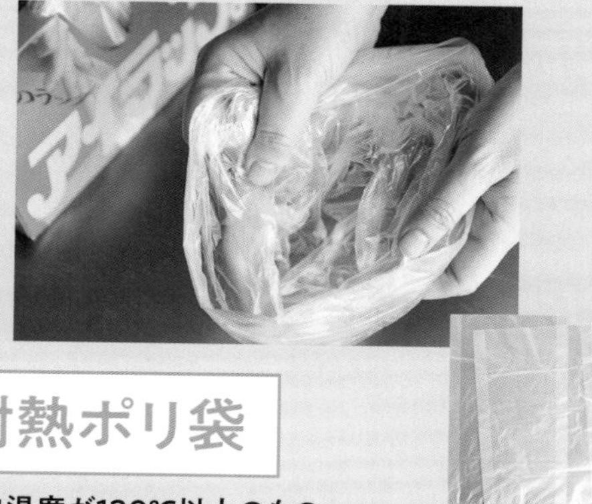

耐熱ポリ袋

●耐熱温度が120℃以上のもの

ポリ袋は、耐熱温度が高い高密度ポリエチレン（HDPE）製で厚さ0.01㎜以上の食品用ポリ袋を必ず使ってください。耐熱性が低いものを使うと、加熱の途中で袋がとけてしまう場合があるので、必ず材質の確認を。本書では35×21㎝サイズで耐熱温度120℃の「アイラップ」を使用しています。

耐熱ボウル

●耐熱性のガラス製、もしくはポリカーボネート製のものを

「レンチン湯せん」の加熱方法では、耐熱ボウルに水を1ℓ入れ、さらに材料を入れたポリ袋を沈めます。袋全体がつかるぐらいの大きさ、直径は20〜25cm程度、容量1.5〜2ℓのボウルを使ってください。この耐熱ボウルは、材料を入れたポリ袋を電子レンジに入れるときの受け皿としても活用しています。ガラスボウルが重くて使いにくいという方には、耐熱ポリカーボネート製（耐熱温度120℃以上）のボウルが軽くておすすめです。ガラス製のものに比べて、お湯が冷めるのがはやいので加熱が不十分であれば、20〜30秒ずつ追加加熱してください。ボウルについてはp.56も参考にしてください。

ポリ袋レンチンで守ってほしいこと

失敗せずにおいしく完成させるための大事なポイントです。

☑ 食材の重量をはかりましょう

電子レンジ調理の加熱時間は、食材の重量によって決まります。食材を用意したらレンチンする前に重量を確認することが大切です。肉や魚はパックに明記されていることが多いですね。野菜はキッチンスケールで計量してから調理を始める習慣をつけましょう。
CHAPTER1で紹介している「レンチン湯せん」のレシピで、食材の重量がレシピに書かれているものと異なる場合は、下の表の加熱時間を参考にして調整してみてください。
CHAPTER3で紹介している「野菜の下ごしらえ」のレシピでは、「各野菜の重量に対して、何分加熱すればよいか」を記してありますので、参考にしてください。

「レンチン湯せん」の加熱時間の目安

	重量	加熱時間
鶏胸肉	200g前後	9~10分
	300g前後	10~12分
	350~400g前後	12~14分
鶏もも肉	200g前後	10~12分
	300g前後	12~14分
	350~400g前後	14~16分
豚かたまり肉	200g前後	13~15分
	250g前後	14~16分
	300g前後	16~18分

※バラ肉など脂身が多い部位は、1~2分加熱時間をふやしてください。
※400g以上の場合は熱が通りにくいので、200g単位に肉を切り分けて、それぞれで加熱してください。

☑ かたい食材や爪でポリ袋が破れないように

ポリ袋は破れやすいので、かたい食材や細長いものを入れる際には注意が必要です。ローリエや粒こしょうなど、ハーブやスパイス類も、ポリ袋に入れてからもんでしまうと破ける原因になるので、肉や魚介類、調味料を入れてもんだあとに加えるようにしています。爪でも破れやすいので気をつけて。

☑ ポリ袋の口はしばらない

電子レンジ加熱すると、袋の中の空気が膨張するので、その空気の抜け道をつくるために、ポリ袋の口は必ず開けたままにしてください。写真のように袋を軽く食材に密着させて、口はしばらずに。

☑ レンチン湯せんの加熱後、放置するのは15分を目安に

「レンチン湯せん」の調理法では、電子レンジで加熱後に、耐熱ボウルに入れたまま15分放置して、余熱でゆっくりと熱を通します。15分以上放置して湯が冷めてしまうと、余熱の効果がないことに加えて、雑菌が繁殖しやすくなりますので、つけっぱなしにするのは必ず避けてください。すぐに食べない場合は、15分おいたあと、袋ごと冷水で冷ましてから冷蔵室で保存してください。

目次

CHAPTER 1

〝レンチン湯せん〟で しっとりおいしい 肉・魚おかず

CHAPTER 2

“ポリ袋レンチン”で作ってもらいたい定番おかず

下ごしらえを“ポリ袋レンチン”におまかせしたい野菜おかず

◎計量単位は小さじ１＝5㎖、大さじ１＝15㎖、１カップ＝200㎖です。
◎レシピ上、野菜を「洗う」「皮をむく」などの作業は省略してあります。特に表記のない場合、それらの作業をすませてからの手順を説明しています。
◎「塩」は自然塩、「酒」は日本酒、「みりん」は本みりんを使用しています。
◎「小麦粉」は特に指示のない場合、薄力粉です。
◎CHAPTER2・3では、耐熱ボウルは受け皿として活用しています。途中でまぜるときや袋から器におかずを盛りかえる際に、汚れてしまうこともあります。

●耐熱ポリ袋を扱う際に気をつけてほしいこと
◎耐熱性の低い袋を使う、指定時間を超過して加熱する等した場合は、袋がとけてしまう場合もあるのでご注意ください。
◎ポリ袋を電子レンジ加熱する場合は必ず、耐熱性のボウルや皿を使ってください。
◎ポリ袋をもむ作業の際、爪が伸びていると破れる可能性も考えられます。爪が長いかたはご注意ください。
◎もしも作業中に袋が破れてしまった際は、新しい袋と交換してください。

●電子レンジ加熱で気をつけてほしいこと
◎加熱時、まれに「突沸」という危険な現象が起こります。液体が沸騰すると水蒸気が発生しますが、沸点に達しても沸騰しない場合があります。この状態の液体に振動や刺激（揺する、かきまぜる等）が加わると、突然激しく沸騰し、熱い液体が勢いよくふき上がったり、飛び散ったりして危険です。加熱時間を守り、特に液体の加熱のしすぎには注意しましょう。また、電子レンジのオート機能を使っての加熱は避けてください。
◎耐熱ボウルやポリ袋の中の食材が高温になる場合があります。あら熱をとるなどして、やけどには十分ご注意ください。
◎ワット数や加熱時間に関する説明はp.6を参照してください。

CHAPTER 1

暗記できるほど
簡単です！

〝レンチン湯せん〟でしっとりおいしい肉・魚おかず

肉や魚介のやわらかい食感を大切にしたまま、電子レンジで加熱するには、
〝レンチン湯せん〟がおすすめです。ポリ袋ごと水に沈めて加熱し、
そのあとボウルに入れたまま15分放置。
食材によって加熱時間は異なりますが、手順はすべて一緒です。
一度作ればレシピを見なくてもできるほど簡単でシンプルです。

"レンチン湯せん"の

レンチン蒸し鶏

材料（作りやすい分量）
鶏胸肉…1枚（300g）
塩…小さじ½
酒…小さじ2
しょうが（皮つき）の薄切り…½かけ分
ねぎの青い部分…10cm

レンチン 12分 →15分放置

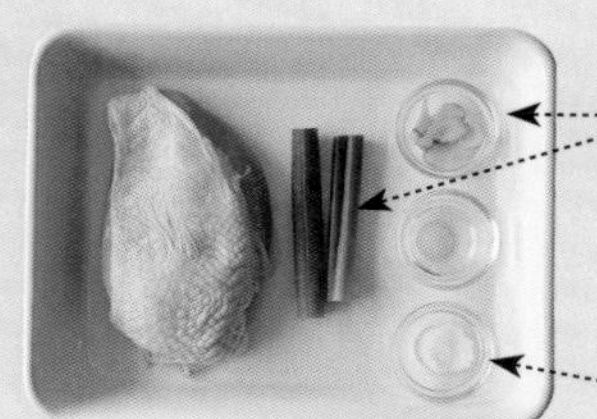
香味野菜はなくてもOK！
塩は鶏肉の重さの1％が基本

STEP 1 袋に入れてもむ

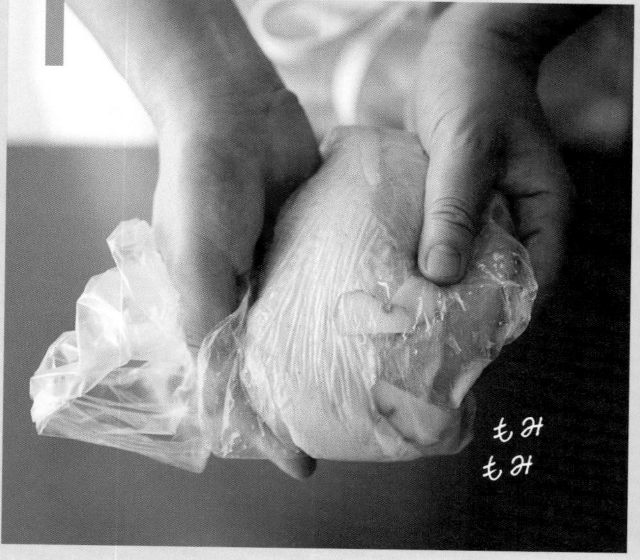

ポリ袋に鶏肉、塩、酒、しょうがを入れて袋の上から10回ほどもんでなじませ、ねぎを加える（袋が破ける可能性も考慮して、ねぎやローリエなどの大きな香草類はあと入れする）。

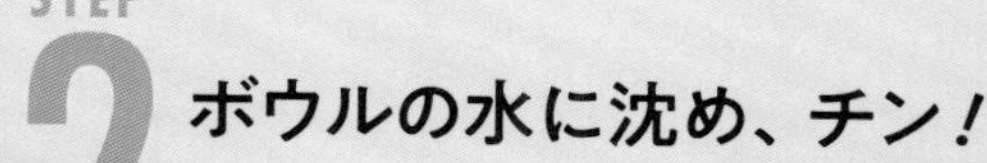

STEP 2 ボウルの水に沈め、チン！

直径約25cmの耐熱ボウルに水1ℓを入れ、**1**を袋の口は開けたまま静かに沈める。袋に空気がたくさん入った場合は、再度チャレンジを。電子レンジで12分加熱する。

※鶏もも肉の場合は14分加熱する。

おかずは新定番。

「〝レンチン湯せん〟で蒸し鶏を作ると、あら不思議。肉質がやわらかいまま、しっとりとした仕上がりになりました。気軽に作れるので、もはやわが家の常備肉。豚肉や牛肉、魚介類でも活用できる便利な調理法です。薄切り肉やひき肉だと熱が入りすぎてしまうので、かたまり肉で作るのがおすすめです。」

STEP 3 加熱後15分放置

加熱が終わったら、湯につけたまま15分おき、中まで熱を通す。庫内に入れたままでも大丈夫。

**すぐに食べないときは
冷ますと安心**

湯につけたまま室温で長く放置すると雑菌が繁殖しやすい状態になるので、すぐに食べない場合は加熱後15分たったら湯を捨てて冷水を注いで冷ます。**ポリ袋の口を閉じて冷蔵室で2〜3日間保存可能。**

これがわが家の常備肉！

レンチン蒸し鶏の完成！

☑ **そのままでおいしい！**
≫ p.22〜27

☑ **たれで味変自在**
≫ p.16〜19

☑ **おかずのもとに便利**
≫ p.20〜21、28〜33

☑ **豚肉や牛肉、魚介も同じ方法で！**
≫ p.34〜55

レンチン蒸し鶏をシンプルに食べる

レンチン湯せんで ゆっくりと熱が加わるから しっとり、やわらか！

電子レンジで12分加熱・15分ほったらかしででき上がる「レンチン蒸し鶏」を作ったら、まずは「よだれ鶏」を試してください。ポリ袋に残った蒸し鶏の蒸し汁には、鶏肉のうまみがたっぷり。これを使っておいしいたれも作ります。本格中華のお店で出てくるような驚きのクオリティーですよ。

レンチンよだれ鶏

材料（作りやすい分量）

レンチン蒸し鶏（p.14-15参照）…1枚

たれ

- **レンチン蒸し鶏の蒸し汁**…大さじ2
- しょうがのみじん切り…1かけ分
- にんにくのすりおろし…½かけ分
- しょうゆ、黒酢…各大さじ1
- 砂糖、ごま油…各大さじ½
- ラー油…少々

細ねぎの小口切り…大さじ2

作り方

1. たれの材料はまぜる。
2. レンチン蒸し鶏を1㎝厚さに切り分け、器に盛る。たれをかけ、細ねぎをのせる。

memo

鶏もも肉で作るのもおすすめ！

鶏胸肉のさっぱりとした口当たりに対して、鶏もも肉は脂肪分がやや多いのでしっとりとした舌ざわりです。加熱時間は14分にしてください。

鶏肉

たれを変えれば、楽しみ方は無限に広がります。

「レンチン蒸し鶏」はほんのり塩味のプレーンな味わいだから、たれを変えるだけで和洋中、エスニックと味わいが多彩に変化します。バラエティーにとんだたれを覚えるだけで、料理のレパートリーがぐんとふえますね。

粒マスタードだれ

材料（作りやすい分量）と作り方

ボウルに、**レモン汁小さじ2**、**粒マスタード**、**オリーブ油各大さじ2**、**しょうゆ小さじ1**を入れ、よくまぜる。

まぜれば完成 たれバリエ

鶏はもちろん、蒸し豚(p.34)でも美味。
肉とのかけ合わせを変えて
おかずレパートリーをふやしましょう。

玉ねぎがほんのり辛い

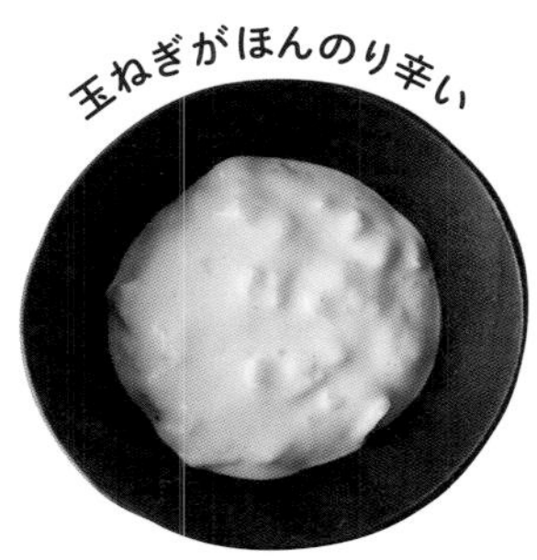

タルタルソース

玉ねぎのみじん切り…1/8個分
マヨネーズ…大さじ2
牛乳…大さじ1

ごま油の香りが食欲をそそる

ねぎ塩だれ

ねぎのみじん切り…大さじ2
ごま油…大さじ3
塩…小さじ1/3

しょうゆ味でうまみたっぷり

おろし玉ねぎだれ

玉ねぎのすりおろし…1/8個分
しょうがのすりおろし…小さじ1
しょうゆ…大さじ2
砂糖…小さじ2

アンチョビーの塩けがきいて

パセリソース

パセリのみじん切り…大さじ2
アンチョビー(フィレ)のみじん切り
…1枚分
オリーブ油…大さじ2

コクのあるまろやかさ

オイスターマヨソース

すり白ごま…小さじ1
マヨネーズ…大さじ3
オイスターソース…小さじ1
水…大さじ1

パンチのきいたしっかり味

にんにくみそだれ

にんにくのすりおろし…小さじ1/2
しょうがのすりおろし…小さじ1/2
赤とうがらしの小口切り
…小さじ1/2
みそ…大さじ1 1/2
砂糖、ごま油…各大さじ1
水…大さじ2

独特の風味がやみつきに

ハニーゴルゴンゾーラ

ゴルゴンゾーラ
(室温でやわらかくしたもの)…25g
牛乳…大さじ1
はちみつ…小さじ1
あらびき黒こしょう…少々

スパイシーですがすがしい風味

ハリッサ風

パプリカ(赤)のすりおろし
…1/3個分
にんにくのすりおろし…小さじ1/2
クミンパウダー…小さじ1
オリーブ油…大さじ2
塩…小さじ1/3

鶏肉

＼裂いて使って／

レンチン蒸し鶏はこんなに便利。

「レンチン蒸し鶏（p.14-15参照）を常備しておけばホントに便利。野菜とあえたり、サンドイッチの具材にしたり、ハム感覚で使ってみて。胸肉ともも肉、どちらでもおいしい！」

まぜるだけの驚きの簡単おつまみ。

漬け物で

鶏とぬか漬けのナムル

材料（2人分）と作り方

1. **レンチン蒸し鶏½枚**は食べやすい大きさに手で裂く。**きゅうりのぬか漬け1本**は縦半分に切って斜め薄切りにする。
2. ボウルに入れ、**ごま油小さじ2**を加えてさっとまぜる。器に盛り、**すり白ごま小さじ2**を振り、**パクチー適量**をのせる。

＊漬け物は大根、にんじん、かぶでもOK。

こまかく裂いた鶏肉がめんとほどよくからみます。

めんつゆで

蒸し鶏のあえめん

材料（1人分）と作り方

1. **レンチン蒸し鶏⅓枚**はこまかく手で裂く。**ザーサイ（味つき）20g**はせん切りにする。**めんつゆ（3倍濃縮）、ごま油各小さじ2、酢小さじ1**をまぜ、つゆを作る。
2. なべに湯を沸かし、**中華生めん1玉**を袋の表示どおりにゆで、湯をきる。
3. ボウルに入れ、蒸し鶏、ザーサイ、**細ねぎの小口切り大さじ3**、つゆを加え、あえる。

このうまみにはまって
かなりの頻度で食べてます。

蒸し汁+しょうゆ+水で

スープかけごはん

材料(1人分)と作り方

1. **レンチン蒸し鶏¼枚**はこまかく手で裂く。**たくあん15g**はせん切りにし、**三つ葉1本**は2〜3㎝長さに切る。
2. 茶わんに**ごはん茶わん1杯分**を盛り、**1**をのせる。
3. 耐熱ボウルに**レンチン蒸し鶏の蒸し汁大さじ1**、**しょうゆ小さじ1**、**こしょう少々**、**水½カップ**を入れてラップをかけずに、電子レンジで1分加熱し、**2**に注ぐ。

ジューシーな鶏肉に
梅干しの塩けがアクセント。

めんつゆで

鶏と水菜の和風サラダ

材料(2人分)と作り方

1. **レンチン蒸し鶏½枚**はこまかく手で裂く。**水菜1株**は3㎝長さに切る。**紫玉ねぎ⅛個**は縦薄切りにしてさっと水にさらし、水けをしっかりきる。**青じそ5枚**はちぎる。
2. **梅干し2個**は種を除いてたたき、**めんつゆ(3倍濃縮)**、**サラダ油各大さじ1**を加えてまぜる。
3. 器に**1**の野菜をまぜて盛り、蒸し鶏を散らし、**2**をかける。

味つけレンチン蒸し鶏を作る

自家製サラダチキンは味つけも自由自在です。

高たんぱく＆低脂質で人気な「サラダチキン」も、ポリ袋レンチンなら家庭でおいしく作れます。調味料を変えたりハーブやスパイスを加えたりすれば、バリエーションも広がります。

レンチン 12分 →15分放置

自分で作るサラダチキンは格別ですよ～

ハーブ味

材料（作りやすい分量）

鶏胸肉…1枚（300g）
塩…小さじ½
オリーブ油、白ワイン
…各小さじ2
パセリ（乾燥）…小さじ1
にんにくの横薄切り
…½かけ分
ローリエ…1枚

作り方

1. ポリ袋に鶏肉、塩、オリーブ油、白ワインを入れて袋の上から10回ほどもんでなじませ、パセリ、にんにく、ローリエをのせる。
2. 直径約25cmの耐熱ボウルに水1ℓを入れ、**1**を袋の口は開けたまま静かに沈める。電子レンジで12分加熱する。
3. 湯につけたまま15分おき、中まで熱を通す。食べやすく切り分けて器に盛り、好みでベビーリーフを添える。

調味料を変えて
劇的に味変！

すがすがしい
辛み！

レモン味

材料（作りやすい分量）

鶏胸肉…1枚（300g）
塩…小さじ½
白ワイン…小さじ2
レモン汁…大さじ2
はちみつ…小さじ1
粒黒こしょう…少々

作り方

1. ポリ袋に鶏肉、塩、白ワイン、レモン汁、はちみつを入れて袋の上から10回ほどもんでなじませ、粒黒こしょうをのせる。
2. 「ハーブ味」の作り方**2**〜**3**と同様にし、好みでレモンの輪切りを添える。

ゆずこしょう味

材料（作りやすい分量）

鶏胸肉…1枚（300g）
ゆずこしょう…大さじ½
酒…小さじ2
砂糖…小さじ1

作り方

1. ポリ袋にすべての材料を入れて袋の上から10回ほどもんでなじませる。
2. 「ハーブ味」の作り方**2**〜**3**と同様にして作る。

すっきりさわやか！

ポリ袋で鶏ハムも作れる！

「おもてなし料理にぴったりな筒形の鶏ハムも手間なしで作れます。ポリ袋の中でくるくると丸め、水圧を上手に利用して形をととのえます。でき上がったら、よく冷まして切るのがポイント。胸肉ともも肉の味わいの違いを楽しんで。」

鶏胸ハム

レンチン 12分 →15分放置

材料（作りやすい分量）

鶏胸肉…1枚（300g）
塩…小さじ½
白ワイン…小さじ2
ローリエ…1枚
粒黒こしょう…5粒

作り方

1. 鶏肉は余分な脂をとり除いて縦長におき、中央に縦に切り込みを入れて左右に開いて厚みを均一にする。
2. ポリ袋に入れ、塩、白ワインを加えて袋の上から10回ほどもんでなじませる。袋の中で鶏肉をくるりと丸め、ローリエ、粒黒こしょうをのせる。
3. 直径約25cmの耐熱ボウルに水1ℓを入れ、**2**を袋の口は開けたまま静かに沈める。電子レンジで12分加熱する。
4. 湯につけたまま15分おき、中まで熱を通す。湯を捨てて袋ごと冷水にひたして冷まし、冷蔵室で半日冷やす。切り分けて器に盛り、好みで葉野菜を添える。

包丁で薄く切り広げて

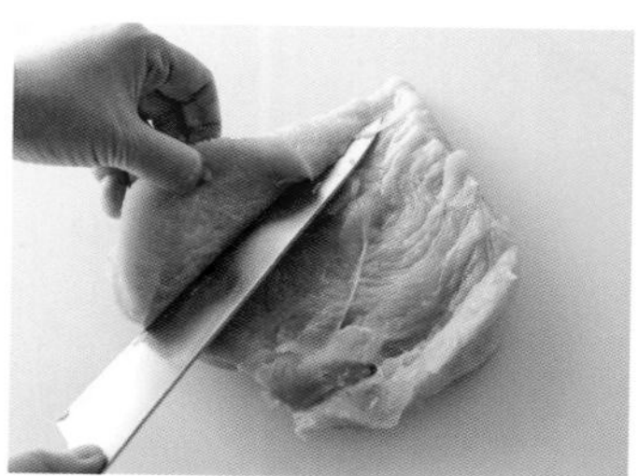

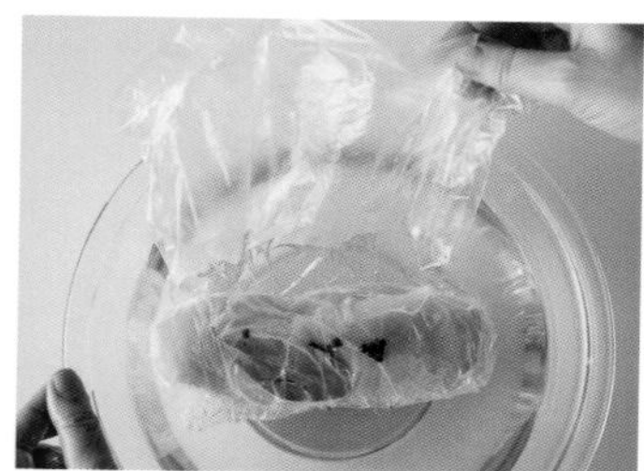

水圧できれいに丸くなる

鶏ももハム

レンチン 15分 →15分放置

材料（作りやすい分量）

鶏もも肉…1枚（300g）
にんにくのすりおろし
　…小さじ1
砂糖、しょうゆ…各大さじ2
紹興酒（または酒）…小さじ1
ごま油…小さじ1

作り方

1. 鶏肉は「鶏胸ハム」の作り方**1**と同様にする。
2. ポリ袋に入れ、残りの材料を加えて袋の上から10回ほどもんでなじませる。袋の中で鶏肉をくるりと丸める。
3. 「鶏胸ハム」の作り方**3**～**4**と同様にするが、電子レンジの加熱時間は15分にする。

胸肉は、
さっぱりとした塩味。
ジューシーなもも肉は
ごま油の風味を効かせて。

手羽元のアドボ風

レンチン 14分 →15分放置

材料（作りやすい分量）

鶏手羽元…5本（250g）
塩…少々
玉ねぎのすりおろし…1/8個分
にんにくのすりおろし…小さじ1
酢…大さじ4
しょうゆ…大さじ3
酒、砂糖…各大さじ1
ローリエ…1枚
粒黒こしょう…5粒

作り方

1. ポリ袋に手羽元、塩、玉ねぎ、にんにく、酢、しょうゆ、酒、砂糖を入れる。袋の上から10回ほどもんでなじませ、ローリエ、粒黒こしょうをのせる。
2. 直径約25cmの耐熱ボウルに水1ℓを入れ、**1**を袋の口は開けたまま静かに沈める。電子レンジで14分加熱する。
3. 湯につけたまま15分おき、中まで熱を通す。

memo

完成後にしばらくおくと、さらに味がしみます。レンチン後の調味液にゆで卵をつけて煮卵風にし、一緒に食べても。

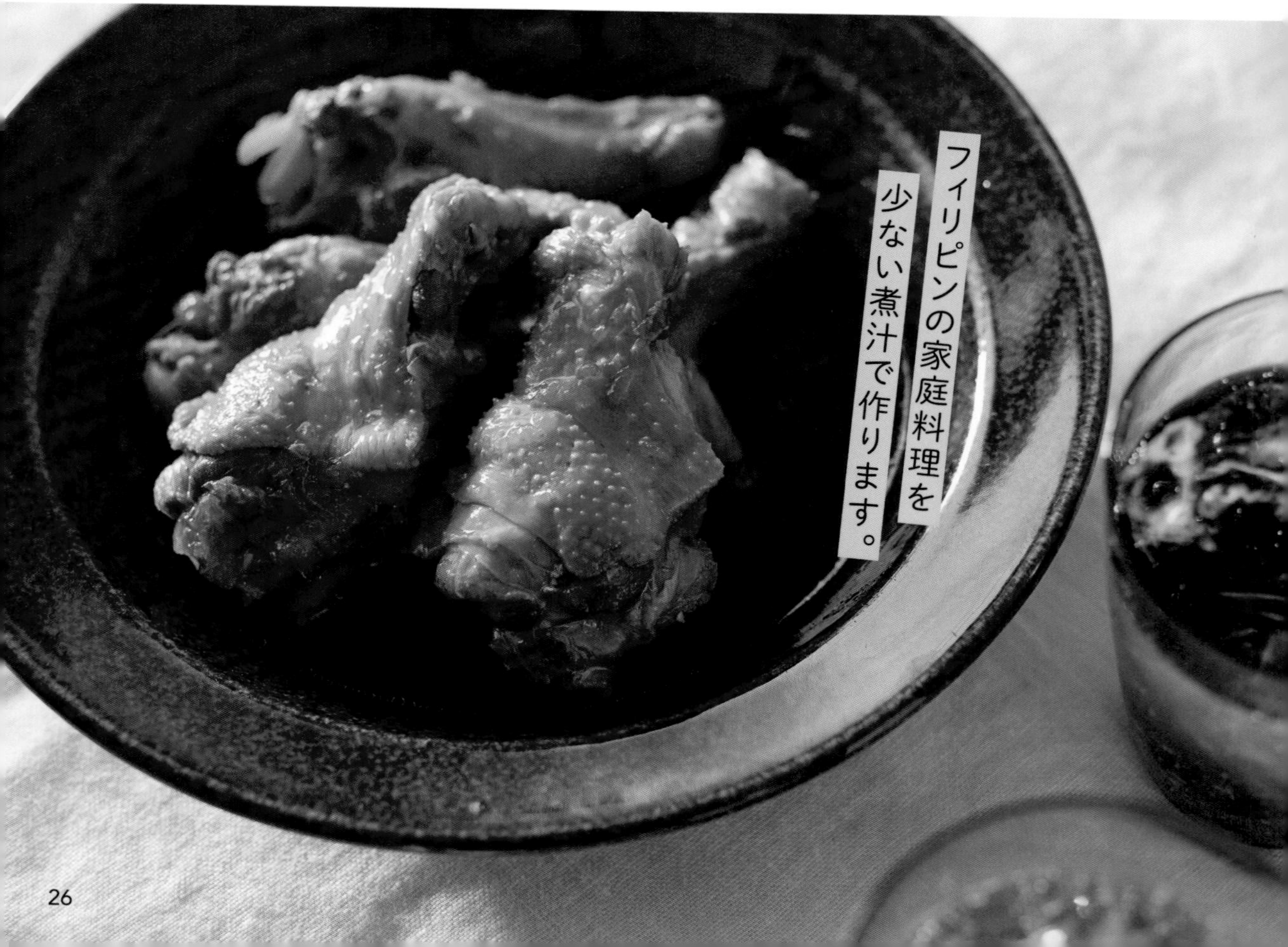
フィリピンの家庭料理を
少ない煮汁で作ります。

ポリ袋なら
大さじ2の油で
コンフィ完成！

砂肝のコンフィ

レンチン 12分
→15分放置

材料（作りやすい分量）

鶏砂肝…200g
塩…小さじ½
オリーブ油…大さじ2
にんにくの横薄切り…½かけ分
ローズマリー（生・あれば）…1枝

平らに
なるように
沈めてね

作り方

1. 砂肝は中央で半分に切り、白い皮（銀皮）を包丁でそぎとり、それぞれに1㎝深さの切り込みを2～3本入れる。
2. ポリ袋に入れて塩、オリーブ油を加え、袋の上から10回ほどもんでなじませ、にんにく、ローズマリーをのせて平らに広げる。
3. 直径約25㎝の耐熱ボウルに水1ℓを入れ、**2**を袋の口は開けたまま静かに沈める。電子レンジで12分加熱する。
4. 湯につけたまま15分おき、中まで熱を通す。

レンチン蒸し鶏をアレンジする

冷蔵庫にあるものと鶏肉を組み合わせて、おかずを手早く作りましょう。

そのまま食べても、たれをかけてもおいしい蒸し鶏は、ボリュームたっぷりのメインディッシュにも早変わり。胸肉、もも肉、砂肝など、レンチン湯せんした鶏肉があれば、他の食材と組み合わせていろいろな料理に活用できますよ。

棒棒鶏（バンバンジー）

材料（作りやすい分量）

レンチン蒸し鶏
（胸肉で。p.14-15参照）…1枚
きゅうり…1本
トマト…小1個
たれ
ねぎのみじん切り…大さじ1
しょうがのみじん切り、
にんにくのみじん切り…各小さじ1
レンチン蒸し鶏の蒸し汁…大さじ1
ねり白ごま…大さじ2
砂糖、酢、しょうゆ…各大さじ1

作り方

1. レンチン蒸し鶏は細長く手で裂く。きゅうりは斜め薄切りにしてから細切りにし、トマトは1cm厚さの輪切りにする。たれの材料はまぜる。
2. 器にトマト、きゅうり、レンチン蒸し鶏の順に盛り、たれをかける。

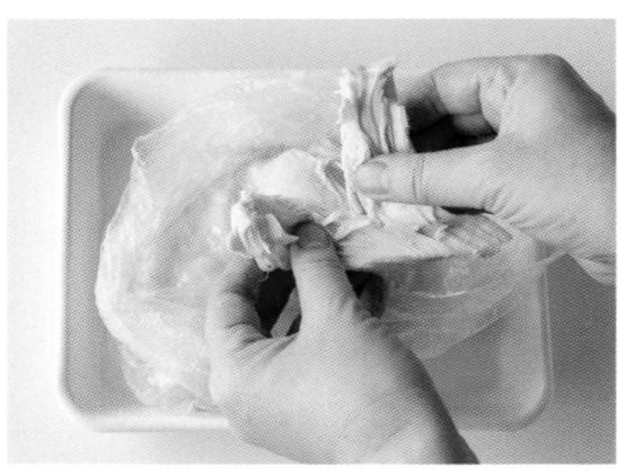

**繊維に沿って
こまかく裂いて！**

**うまみたっぷりの
蒸し汁を活用**

鶏肉

カオマンガイ

材料（2人分）

レンチン蒸し鶏（もも肉で。p.14-15参照）…1枚
米…150g（1合）
レンチン蒸し鶏の蒸し汁…全量
ナンプラー…小さじ2
ミニトマト…4〜5個
きゅうり…⅓本

たれ

ねぎのみじん切り…大さじ1
にんにくのすりおろし…小さじ1
しょうゆ…大さじ1
酢…大さじ1
オイスターソース、砂糖…各小さじ1

作り方

1. 米は洗って炊飯がまに入れる。レンチン蒸し鶏の蒸し汁、ナンプラーを加えてまぜ、1合の目盛りまで水を加え、炊く。
2. ミニトマトは縦半分に切り、きゅうりは斜め切りにする。レンチン蒸し鶏は2cm厚さのそぎ切りにする。たれの材料はまぜる。
3. **1**のごはんを器に盛り、**2**の野菜と蒸し鶏をのせ、たれをかける。好みでパクチーを添える。

memo

本格味にグレードUP

レンチン蒸し鶏を、鶏もも肉1枚（300g）、ナンプラー、酒各小さじ2、砂糖小さじ½、しょうがのすりおろし、にんにくのすりおろし各小さじ½、ねぎの青い部分10cm、パクチーの茎1本分を使って作っても。

現地の味わいを再現したらタイの友人もほめてくれました。

パワーサラダ

材料（作りやすい分量）

レンチン蒸し鶏
（胸肉で。p.14-15参照）…1枚
ミックスビーンズ…100g
ブロッコリー…正味100g
アボカド…1個
ミニトマト…2個
リーフレタス…適量
ミックスナッツ…適量

ドレッシング
マヨネーズ…大さじ3
トマトケチャップ、牛乳
…各大さじ1

作り方

1. ブロッコリーは小房に分け、ポリ袋に入れる。耐熱ボウルに袋ごと入れ、袋の口は開けたまま電子レンジで1分30秒加熱する。
2. アボカドは縦半分に切って種をはずし、皮をむいて2cm角に切る。ミニトマトは縦半分に切り、リーフレタスは一口大にちぎる。レンチン蒸し鶏は2〜3cm角に切る。
3. 器にリーフレタスを敷き、ミックスビーンズ、ブロッコリー、アボカド、ミニトマト、ミックスナッツをまぜて盛り、レンチン蒸し鶏をのせる。ドレッシングの材料をまぜて回しかける。

鶏肉

包むものは何でもよし。
冷蔵庫にある野菜を
自由に巻いて。

蒸し鶏の生春巻き

材料（3~4人分）

レンチン蒸し鶏
（胸肉で。p.14-15）…1枚
ライスペーパー…6枚
レタス…4枚
パプリカ（赤）…½個
きゅうり…½本
パクチー…2本

たれ
- レモン汁、ナンプラー、水…各大さじ1
- 砂糖…小さじ2
- 一味とうがらし…少々

作り方

1. ライスペーパーは袋の表示どおりにもどす。
2. レンチン蒸し鶏はこまかく手で裂く。レタスはせん切りにし、パプリカときゅうりは細切りにする。パクチーはざく切りにする。
3. **1**を1枚広げ、**2**を⅙量ずつ手前側にのせ、手前からかぶせて左右を内側に折り、さらに手前からくるりと巻く。残りも同様にし、半分に切って器に盛る。
4. たれの材料をまぜ、**3**に添える。好みでパクチーも添える。

鶏もも肉の香味野菜漬け

材料(作りやすい分量)

レンチン蒸し鶏
(もも肉で。p.14-15参照)
…1枚
セロリ…30g
にんじん…¼本
しょうが…1かけ
つけだれ
酢、しょうゆ
…各大さじ2
砂糖…小さじ2

作り方

1. セロリ、にんじん、しょうがはせん切りにし、セロリの葉は刻む。
2. レンチン蒸し鶏を作ったポリ袋に鶏肉と蒸し汁を入れたまま、**1**、つけだれの材料を加え、1時間ほどおく。
3. 鶏肉をとり出して食べやすく切り、器に盛って野菜をのせ、つけ汁をかける。

＊レンチン蒸し鶏は胸肉でもよい。
＊玉ねぎの薄切り、パプリカ、ピーマンなどのせん切りを加えてもよい。

鶏肉のうまみが野菜にしみてる！

砂肝の歯ごたえがたまりません。

砂肝とキャベツのアーリオオーリオ

材料(作りやすい分量)

砂肝のコンフィ(p.27参照)…200g
キャベツ…200g
アンチョビー(フィレ)…1枚
にんにくの横薄切り…½かけ分
オリーブ油…小さじ1

作り方

1. キャベツは一口大に切り、アンチョビーはほぐす。ともにポリ袋に入れてにんにくを加え、オリーブ油を回し入れる。耐熱ボウルに袋ごとのせ、袋の口は開けたまま、電子レンジで3分加熱する。
2. 砂肝のコンフィは薄切りにする。
3. あら熱がとれたら、砂肝のコンフィを加えてまぜる。

レンチン蒸し豚をシンプルに食べる

湯せんで熱を加えるから プルプル食感の豚肉に。

レンチン蒸し鶏をマスターしたら、次は豚肉に挑戦してみて。調味液と加熱時間が変わるだけで、手順は同じだから簡単です。初めにプレーンな蒸し豚を作りましょう。たれ（p.18-19参照）をかけるだけでOKですが、ここでは、蒸し豚を薄切りにして白い雲に見立てた、四川料理の雲白肉にして紹介します。

レンチン雲白肉（ウンパイロウ）

材料（作りやすい分量）

レンチン蒸し豚

- 豚バラ（または、肩ロース）かたまり肉…200g
- 塩…小さじ⅓
- 酒…小さじ2
- 砂糖…小さじ½
- しょうがの薄切り…½かけ分
- ねぎの青い部分…5cm

たれ

- しょうがのみじん切り…1かけ分
- にんにくのすりおろし…小さじ½
- ねぎのみじん切り…5cm分
- 豆板醤…小さじ½
- 砂糖、酢…各小さじ1
- しょうゆ…大さじ2
- ラー油…適量
- 花椒パウダー（好みで）…少々

きゅうり…1本

しらがねぎ…5cm分

作り方

1. レンチン蒸し豚を作る。ポリ袋に豚肉、塩、酒、砂糖、しょうがを入れて袋の上から10回ほどもんでなじませ、ねぎをのせる。
2. 直径約25cmの耐熱ボウルに水1ℓを入れ、**1**を袋の口は開けたまま静かに沈める。豚バラ肉は脂肪分が多いため、加熱中に浮くことがあるので、その場合は小さい耐熱皿をのせて沈める。電子レンジで15分加熱する。
3. 湯につけたまま15分おき、中まで熱を通す。
4. きゅうりは皮むき器で薄切りにする。たれの材料はまぜる。
5. **3**の蒸し豚を薄切りにして器に盛り、きゅうりを数枚ずつ巻くようにしてのせる。しらがねぎをのせ、たれをかける。

浮かないように
皿をのせて沈めて

memo

肉の中心が赤かったら？

豚肉は鶏肉よりも熱が通りにくく、中心がうっすら赤いこともしばしば。その場合は、袋に入れたまま電子レンジで1～2分加熱して様子を見て。赤いところだけを薄く切りとって加熱してもOKです。

お好みの厚さに切り分けて、
どうぞめし上がれ。

レンチン湯せんなら 手作りハムもしっとりと。

豚もも肉で作るボンレスハムは、ロースハムよりもさっぱりとした味わい。タイムやローリエのほかにお好みのフレッシュハーブを加えると、さらに風味がよくなります。手作りが難しいハムもこの方法なら簡単です。

ボンレスハム

レンチン 16分 →15分放置

材料（作りやすい分量）

豚ももかたまり肉…300g
塩…小さじ1
砂糖…小さじ1
タイム（生）…1枝
にんにくの横薄切り…1かけ分
粒黒こしょう…5粒
ローリエ…1枚

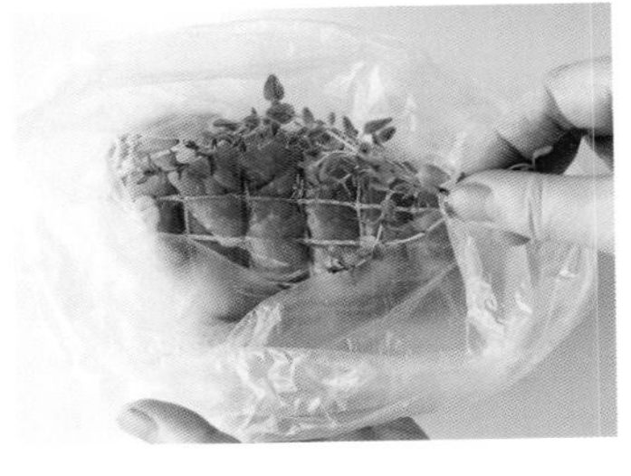

作り方

1. ポリ袋に豚肉、塩、砂糖、水大さじ2を入れて袋の上から10回ほどもんでなじませ、タイム、にんにく、粒黒こしょう、ローリエをのせる。袋の口を閉じ、冷蔵室で1時間〜一晩おく。
2. 直径約25㎝の耐熱ボウルに水1ℓを入れ、**1**を袋の口は開けて静かに沈める。電子レンジで16分加熱する。
3. 湯につけたまま15分おき、中まで熱を通す。湯を捨てて袋ごと冷水にひたして冷ます。
4. 薄く切って器に盛り、好みでクレソンとマスタードを添える。

memo

レンチン前に一晩おいて、究極のしっとりを手に入れて！

脂肪分の少ないもも肉を使うときは、調味料をなじませたあとに冷蔵室で1時間以上（可能なら一晩）おくと、しっとりやわらかい蒸し豚に仕上がります。薄く切ってバゲットにはさむと絶品なので、ぜひ試してみて。

豚肉

味つけレンチン蒸し豚を作る

気軽に作れる わが家のごちそうです。

「豚肉に調味液を加えてレンチンすれば、味がしっかりとしみ込んだチャーシューも作れます。このやり方を試してから、わが家の食卓にチャーシューが登場する機会がふえました。とろけるような食感がやみつきになります。」

レンチンチャーシュー

レンチン 14分 →15分放置

材料（作りやすい分量）

豚肩ロース（または、バラ）かたまり肉…200g
塩…小さじ⅓
砂糖…大さじ1
しょうゆ、はちみつ…各大さじ2
ごま油…小さじ1
こしょう、五香粉…各少々

作り方

1. ポリ袋にすべての材料を入れて袋の上から10回ほどもんでなじませる。
2. 直径約25㎝の耐熱ボウルに水1ℓを入れ、**1**を袋の口は開けたまま静かに沈める。電子レンジで14分加熱する。
3. 湯につけたまま15分おき、中まで熱を通す。
4. 食べやすく切り分けて器に盛り、好みでベビーリーフを添える。

ラーメンにのせれば インスタントめんも たちまち豪華に！

このチャーシューのレシピをネット上で紹介したら「こんなに簡単にチャーシューができるなんて！」とコメントをいただき、とてもうれしかったです。レンチンした青菜（p.96）やねぎなどをのせて。

豚肉

調味料を変えるだけで、味わいの異なる煮豚に変身！

家庭にある調味料や香辛料を使ってアレンジすれば、いろんな煮豚に味変できます。しっかりと味がしみ込んで、しっとりとやわらかいので、弁当やつまみぴったりです。

ナンプラーでうまみ倍増

エスニック煮豚

材料（作りやすい分量）

豚肩ロースかたまり肉…250g

A
- ナンプラー、酒…各大さじ1
- 砂糖…小さじ2
- 酢…大さじ½

にんにく風味で食欲をそそる

豚のみそ漬け風

材料（作りやすい分量）

豚バラかたまり肉…250g

A
- にんにくのすりおろし…小さじ1
- 米みそ…大さじ3
- 酒、砂糖…各大さじ1

作り方は4レシピとも共通

バラ、ロース、もも、ヒレの
どの部位で作ってもおいしい！

1. ポリ袋に豚肉を入れ、**A**を加えて袋の上から10回ほどもんでなじませる。袋の口を閉じ、冷蔵室で1時間〜一晩おく。
2. 直径約25㎝の耐熱ボウルに水1ℓを入れ、**1**を袋の口は開けて静かに沈める。電子レンジで15分加熱する。
3. 湯につけたまま15分おき、中まで熱を通す。好みの厚さに切り分ける。

レンチン 15分
→15分放置

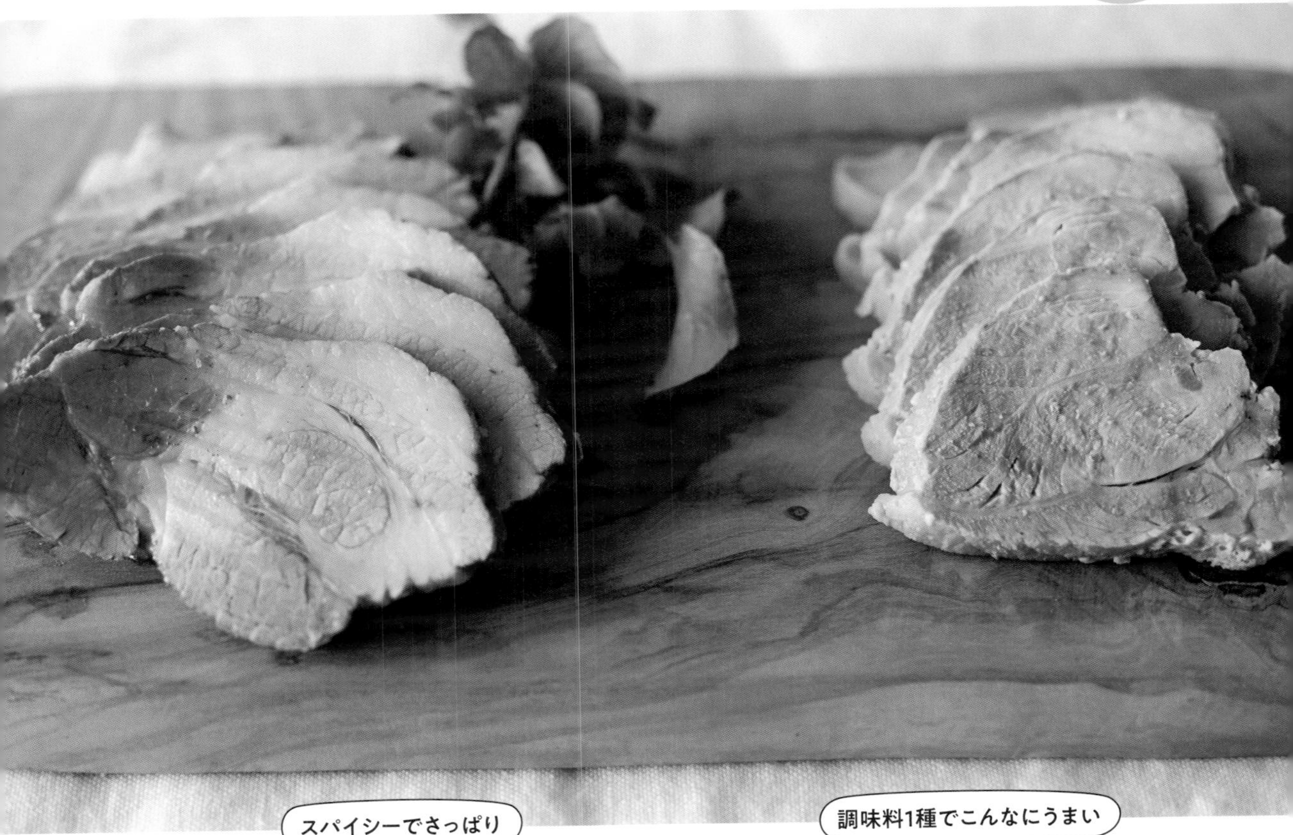

スパイシーでさっぱり

ウスター煮豚

材料（作りやすい分量）

豚肩ロースかたまり肉…250g

A｜ウスターソース、赤ワイン…各大さじ2

粒黒こしょう…5粒

ローリエ…1枚

●**A**を加えてもんだあとに、粒黒こしょう、ローリエをのせる。

調味料1種でこんなにうまい

塩麹豚

材料（作りやすい分量）

豚ももかたまり肉…250g

A｜塩麹…大さじ1（20g）

＊塩麹のかわりに、同量のしょうゆ麹を使ってもよい。

レンチン豚をアレンジする

フライパンもなべも使わず、レンチン豚肉でボリュームおかずを。

レンチン蒸し豚やレンチンチャーシューを活用すれば、いつものチャーハンやどんぶりもグッと豪華においしくなります。気楽にできるから、常備菜感覚でちょくちょく作ってどんどん使い回して。

ゴロッとした豚肉が
たまらない
クセになる味なんです。

焼豚チャーハン

材料(1人分)

レンチンチャーシュー(p.38参照)…50g
卵…1個
あたたかいごはん…200g
細ねぎの小口切り…大さじ1
A しょうゆ、ごま油…各小さじ1
　 鶏ガラスープのもと…小さじ½
　 塩、こしょう…各少々

作り方

1. レンチンチャーシューは1.5cm角に切る。
2. ポリ袋に卵を割り入れて黄身をつぶすように2〜3回もむ。耐熱ボウルに袋ごとのせ、袋の口は開けたまま電子レンジで40秒加熱し、とり出す。
3. **1**、ごはん、細ねぎ、**A**を加え、ゴムべらでざっとまぜる。再び耐熱ボウルにのせ、袋の口は開けたまま電子レンジで3分加熱する。

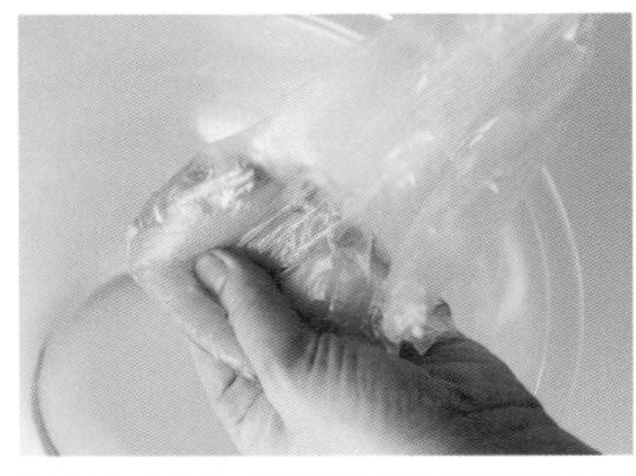

卵そぼろも
ポリ袋レンチンすれば
ラクラクです

袋を破かないように
注意してまぜて

豚肉

蒸し豚のポトフ

材料（1人分）

レンチン蒸し豚
（p.35参照）…80g
大根…2cm（正味80g）
にんじん…¼〜⅓本（正味40g）
じゃがいも…1個（正味100g）
セロリ…4cm（正味20g）

煮汁
レンチン蒸し豚の蒸し汁
…大さじ2
塩…小さじ⅓
粒黒こしょう…少々
ローリエ…1枚
水…½カップ

作り方

1. レンチン蒸し豚は2cm厚さに切る。にんじんは食べやすい大きさに切る。じゃがいもは半分に切る。セロリは筋をとって縦半分に切る。
2. ポリ袋に大根、**1**を入れ、煮汁の材料を加える。耐熱ボウルに袋ごとのせ、袋を破かないように気をつけながらゴムべらで全体をまぜる。袋の口は開けたまま電子レンジで7〜8分加熱する。
3. 器に盛り、好みでマスタードを添える。

短時間でびっくりするような
味しみかげんに。

ほろりとほぐれる食感、
5分で完成！

角煮丼

材料（1人分）

レンチン蒸し豚

（p.35参照）…100g

煮汁

しょうがの薄切り…½かけ分
しょうゆ…大さじ1
砂糖、かたくり粉…各小さじ1
水…¼カップ

あたたかいごはん…茶わん1杯分
レンチン小松菜（p.96参照）…適量

作り方

1. レンチン蒸し豚は1cm厚さに切る。
2. ポリ袋に煮汁の材料を入れてさっとまぜ、**1**を加える。耐熱ボウルに袋ごとのせ、袋の口は開けたまま電子レンジで2分加熱する。
3. 器にごはんを盛って**2**を汁ごとのせ、レンチン小松菜を5cm長さに切ってのせる。

牛肉もレンチン湯せんする

焼かないローストビーフがわが家の定番になりました。

「ローストビーフは最初にフライパンで表面を焼きつけるのが定番の作り方。ですが、レンチン湯せんのローストビーフは焼きません。それでも、おいしく仕上がるのがすごいところ。手軽に作れるから食卓に登場する機会がふえました。」

レンチンローストビーフ

材料（作りやすい分量）

牛ももかたまり肉（室温におく）…300g
しょうゆ…大さじ4
赤ワイン…大さじ1
砂糖…小さじ1
にんにくのすりおろし…小さじ½
バター…10g
粒黒こしょう…5粒
ローリエ…1枚

作り方

1. ポリ袋に牛肉、しょうゆ、赤ワイン、砂糖、にんにくを入れて袋の上から10回ほどもんでなじませ、バター、粒黒こしょう、ローリエをのせる。
2. 直径約25cmの耐熱ボウルに水1ℓを入れ、**1**を袋の口は開けたまま静かに沈める。電子レンジで14分加熱する。
3. 湯につけたまま15分おく。湯を捨ててポリ袋の上から冷水を注いでしっかり冷まし、牛肉に熱が入りすぎないようにする。とり出して薄切りにする（ポリ袋は蒸し汁ごととっておく）。
4. 耐熱ボウルの水を捨て、蒸し汁の入ったポリ袋をのせ、袋の口は開けたまま電子レンジで2分加熱し、ソースを作る。
5. 器に**3**のローストビーフを盛り、ソースと好みでセルフィーユを添える。

焼かないから、あわてない！
おもてなしにもぴったりな料理です。

まぐろ

魚介もレンチン湯せんする

手作りならではのフレッシュ感。主役にもなれるおいしさです。

「ツナや鮭フレークは食べ慣れているからこそ、レンチン湯せんで手作りした味との違いに驚きます。魚介類のおいしさを保ったまま、パサついたりすることなくしっとりとした食感に仕上がるのが、この調理法のすごいところです。」

レンチン 8分 →放置なし

レンチンツナ

材料（作りやすい分量）

まぐろ…1さく（180g）
塩…小さじ½
砂糖…小さじ⅓
オリーブ油…大さじ2
にんにくの横薄切り…1かけ分
タイム（生）…1本
粒黒こしょう…5粒
ローリエ…1枚

作り方

1. ポリ袋にまぐろ、塩、砂糖、オリーブ油を入れ、袋の上から手ですり込むようにしてなじませ、にんにく、タイム、粒黒こしょう、ローリエをのせる。
2. 直径約25㎝の耐熱ボウルに水1ℓを入れ、1を袋の口は開けたまま静かに沈める。電子レンジで8分加熱する。
3. 湯を捨ててポリ袋の上から冷水を注いでしっかり冷まし、まぐろに熱が入りすぎないようにする。

こんな食べ方も

ゆで卵、ディルなどのハーブとマヨネーズであえ、パンにはさんでサンドイッチに！

ニース風サラダ

レンチンツナを
アレンジ

材料(2人分)

レンチンツナ(左記参照)…½さく分(90g)
アンチョビー(フィレ)…1枚
じゃがいも…1個(正味100g)
さやいんげん…4本(30g)
ミニトマト…3個
黒オリーブ(種抜き)…5個
サニーレタス…3枚

ソース

オリーブ油…大さじ2
赤ワインビネガー(または酢)…小さじ1
フレンチマスタード…小さじ1
塩…小さじ½
こしょう…少々

作り方

1. じゃがいもは2cm角に切り、さやいんげんは3～4cm長さの斜め切りにする。ポリ袋に入れ、袋ごと耐熱ボウルにのせ、袋の口は開けたまま電子レンジで3分加熱する。
2. ミニトマトは縦半分に切り、黒オリーブは5mm幅の輪切りにする。サニーレタスは食べやすくちぎり、冷水に放ってパリッとさせ、水けをしっかりきる。
3. 器に**1**、**2**を盛り合わせ、レンチンツナを手でほぐしながら散らしてのせ、アンチョビーを手で小さく裂いて散らす。ソースの材料をまぜ合わせ、回しかける。

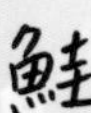

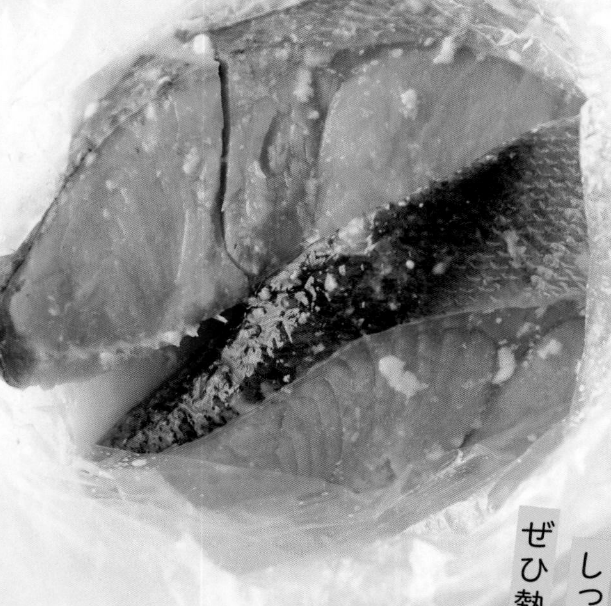

8分 レンチン
→放置なし

レンチン鮭フレーク

焼いてほぐすより、しっとりとした食感に。ぜひ熱々のごはんにのせて！

材料（作りやすい分量）

甘塩鮭…2切れ（200g）
酒…大さじ1
塩…少々

作り方

1. ポリ袋に鮭、酒を入れ、なじませる。
2. 直径約25cmの耐熱ボウルに水1ℓを入れ、**1**を袋の口は開けたまま静かに沈める。電子レンジで8分加熱する。
3. 湯を捨ててポリ袋の上から冷水を注いであら熱をとる。皮と骨をとってほぐし、塩で味をととのえる。

冷めたら皮と骨を除いてほぐして

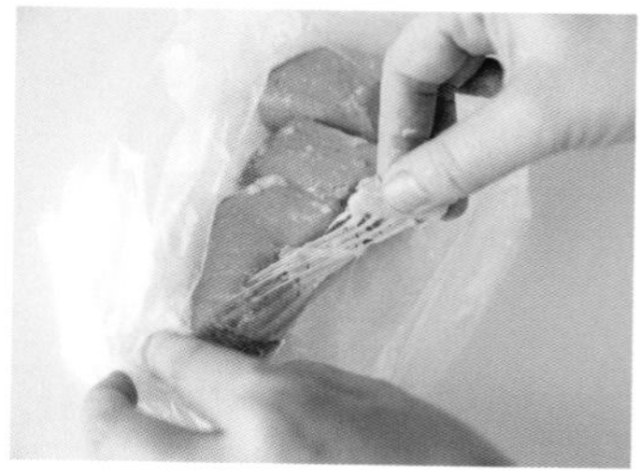

こんな食べ方も

カッテージチーズとオリーブ油であえ、塩、こしょうで味をととのえてディップに。スティック野菜につけたり、薄切りのバゲットにのせても。

鮭のちらしずし

レンチン鮭フレークを
アレンジ

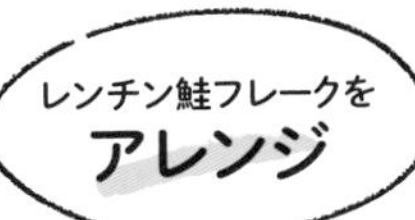

材料（2人分）

レンチン鮭フレーク
（左記参照）…½量（80g）
卵…1個
砂糖…小さじ½
きゅうり…1本
あたたかいごはん…330g（1合分）
すり白ごま…大さじ1
塩…少々

すし酢
酢…大さじ1½
砂糖…大さじ1
塩…小さじ½

作り方

1. きゅうりは薄い輪切りにして塩でもみ、10分ほどおき、水けをしぼる。
2. ポリ袋に卵を割り入れて手でつぶし、砂糖を加えて2〜3回もむ。耐熱ボウルに袋ごとのせ、袋の口は開けたまま電子レンジで40秒加熱し、袋の上からよくもんで卵そぼろにする。
3. ボウルにごはんを入れ、すし酢の材料をまぜてから回しかけ、大きくまぜる。うちわであおいで冷まし、さらにまぜる。ごはんが冷めたら**1**、**2**、レンチン鮭フレーク、すり白ごまを加えて大きくまぜる。

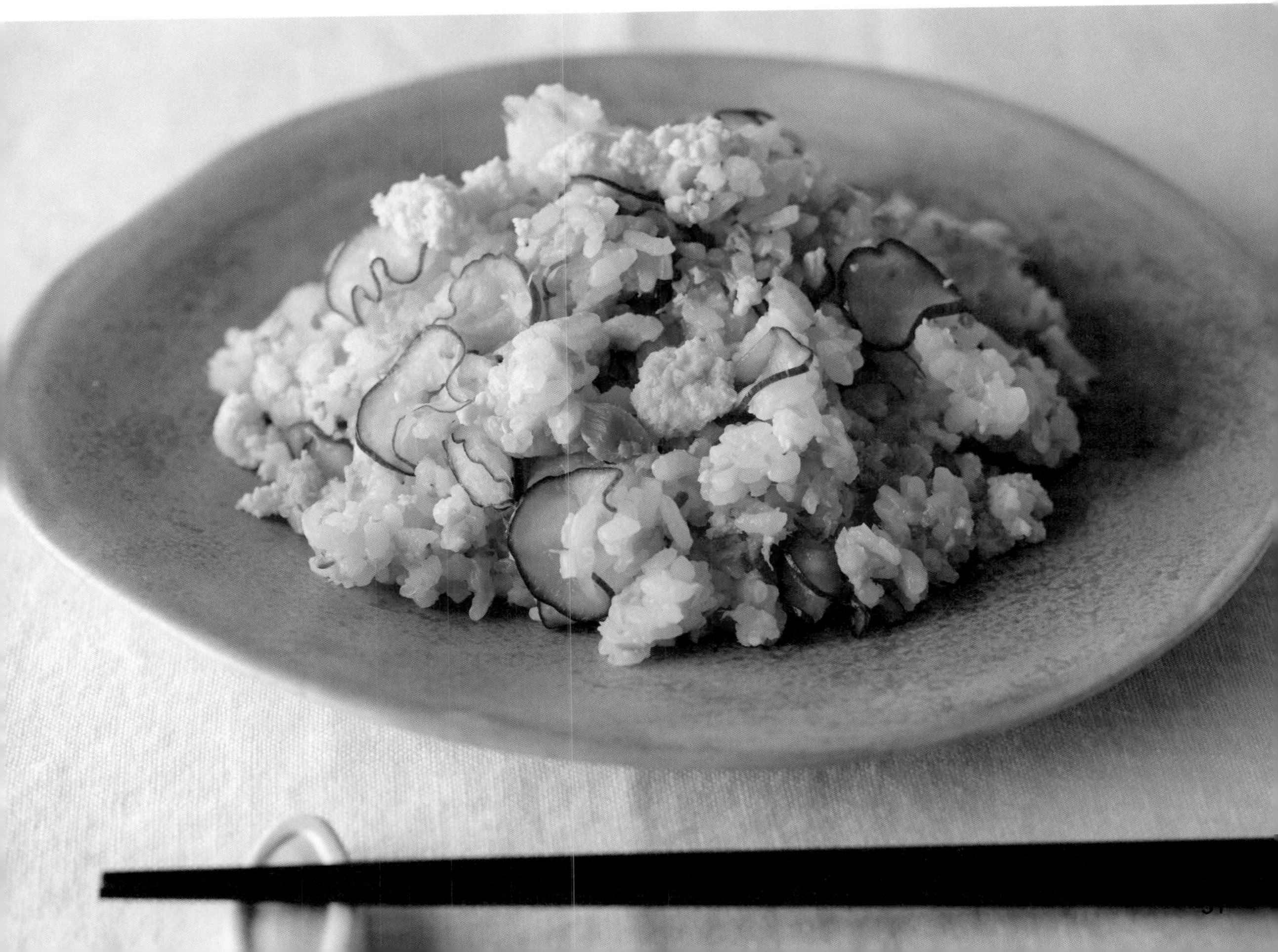

えび

レンチン蒸しえび

材料(作りやすい分量)

むきえび…200g
塩…小さじ½
オリーブ油…大さじ1
にんにくの横薄切り
…½かけ分

こんな食べ方も

アボカドやきゅうりの角切り、玉ねぎの薄切り、パクチーのみじん切りなどと一緒に、レモン汁とオリーブ油であえ、こしょうで味をととのえてセビーチェに。

作り方

1. えびはよく洗って水けをしっかりふきとる。ポリ袋に入れ、塩、オリーブ油を加え、袋の上から手ですり込むようにしてなじませ、にんにくをのせて平らに広げる。
2. 直径約25cmの耐熱ボウルに水1ℓを入れ、**1**を袋の口は開けたまま静かに沈める。電子レンジで8分加熱する。
3. 湯を捨ててポリ袋の上から冷水を注いでしっかり冷まし、えびに熱が入りすぎないようにする。

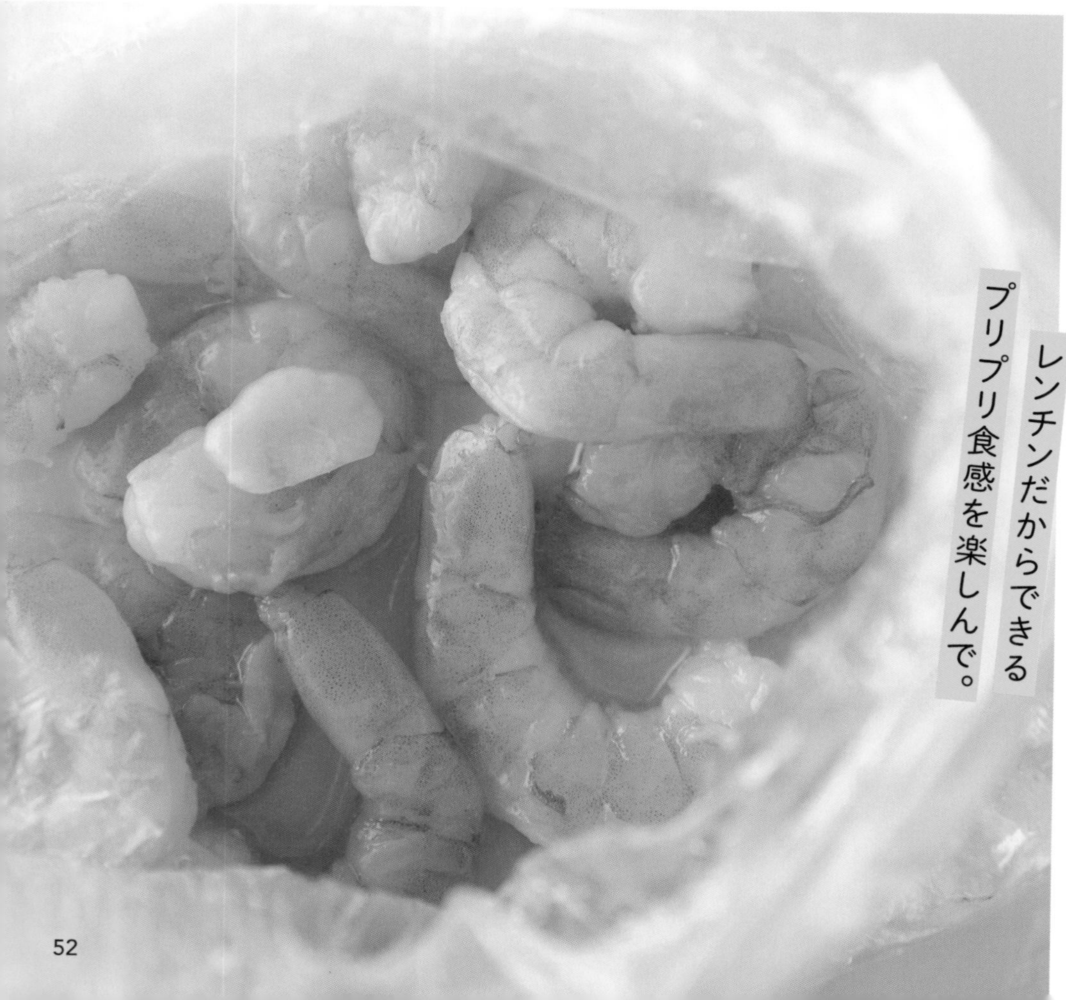

レンチンだからできるプリプリ食感を楽しんで。

えびマヨ

レンチン蒸しえびを
アレンジ

材料(2人分)

レンチン蒸しえび
(左記参照)…½量(100g)
ブロッコリー…正味150g
マカロニ(3分早ゆでタイプ)…30g
マヨネーズ…大さじ4
トマトケチャップ…大さじ1
砂糖…小さじ1

作り方

1. ブロッコリーは小房に分ける。
2. ポリ袋にマカロニ、水1カップを入れ、袋ごと耐熱ボウルにのせ、袋の口は開けたまま電子レンジで3分加熱する。取り出して袋にブロッコリーを加え、袋の口は開けたまままさらに2分加熱する。
3. 水けをきって別のボウルに入れ、あら熱がとれたらレンチン蒸しえび、マヨネーズ、トマトケチャップ、砂糖を加え、さっとまぜる。

ほたてのサルサがけ

レンチン 7分 →放置なし

材料（作りやすい分量）

ほたて貝柱…150g
塩…少々
オリーブ油…小さじ2

サルサ

トマトのみじん切り…½個分（100g）
ピーマンのみじん切り…½個分（10g）
紫玉ねぎのみじん切り…⅛個分（10g）
にんにくのみじん切り…½かけ分
オリーブ油…大さじ1
塩…小さじ¼
ペッパーソース…少々

作り方

1. ポリ袋にほたて、塩、オリーブ油を入れ、袋の上から手ですり込むようにしてなじませる。
2. 直径約25㎝の耐熱ボウルに水1ℓを入れ、**1**を袋の口は開けたまま静かに沈める。電子レンジで7分加熱する。
3. 湯を捨ててポリ袋の上から冷水を注いでしっかり冷まし、ほたてに熱が入りすぎないようにする。
4. サルサの材料をまぜる。器にほたてを盛り、サルサをかける。

火を通すと縮みやすいほたても大きさはそのまま。

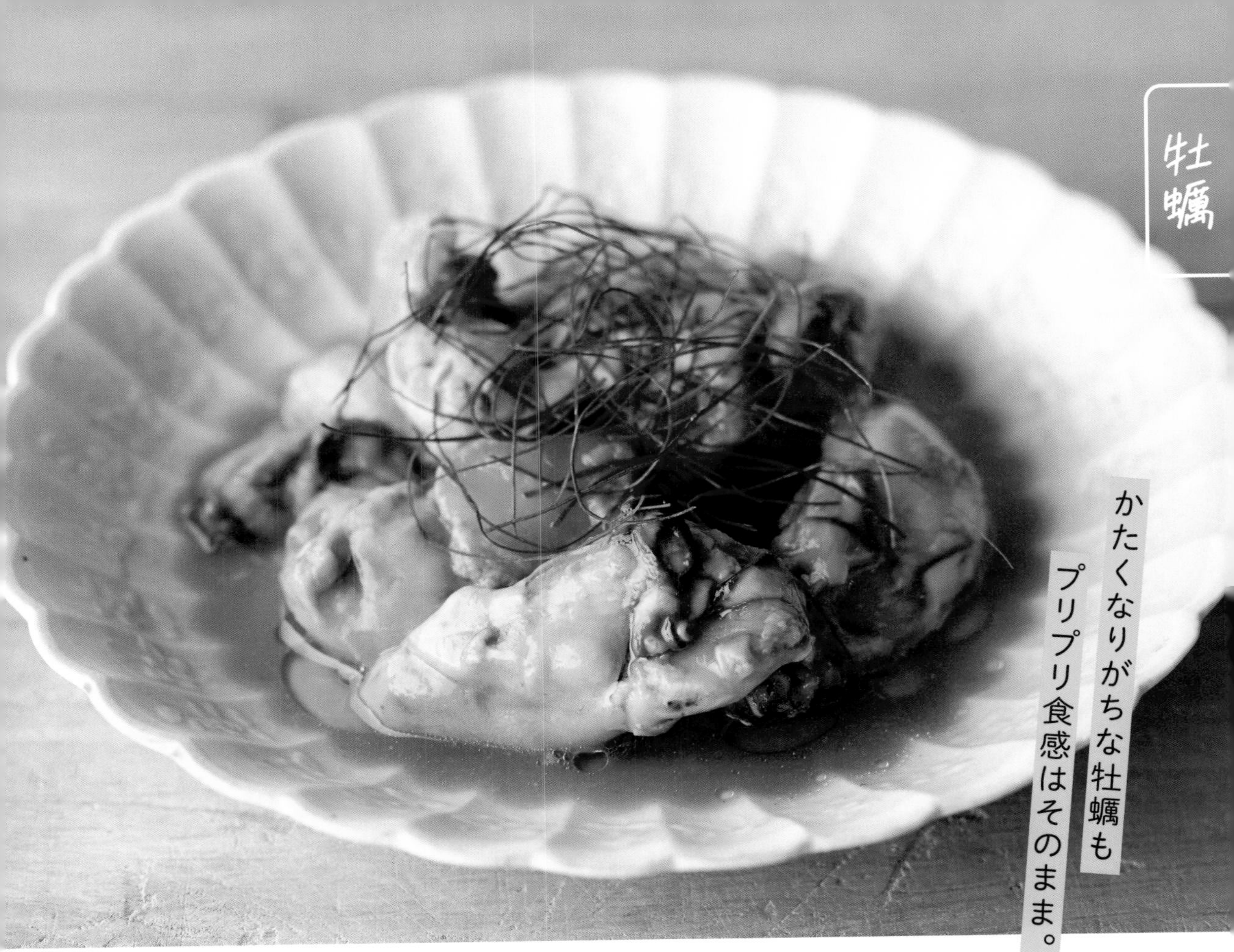

かたくなりがちな牡蠣も
プリプリ食感はそのまま。

牡蠣の中華風コンフィ

レンチン 8分 →放置なし

材料（作りやすい分量）

牡蠣…100g
しょうがのすりおろし…小さじ½
しょうゆ、オイスターソース、
　ごま油…各小さじ1

作り方

1. 牡蠣は塩水（分量外）でよく洗い、水けをしっかりふきとる。ポリ袋に入れ、残りの材料を加え、袋の上から手ですり込むようにしてなじませる。
2. 直径約25㎝の耐熱ボウルに水1ℓを入れ、**1**を袋の口は開けたまま静かに沈める。電子レンジで8分加熱する。
3. 湯を捨ててポリ袋の上から冷水を注いでしっかり冷まし、牡蠣に熱が入りすぎないようにする。
4. 器に盛り、好みで糸とうがらしをのせる。

レンチン湯せんの「どうしたらいい？」にお答えします。

CHAPTER1で紹介している〝レンチン湯せん〟。
実際にやってみると、いろいろと戸惑うこともあるかもしれません。
試作を重ねて見つけた解決法をご紹介します。

Column

Q 手持ちのボウルが少し小さいようです。大きいものを買わないとだめですか？

A ポリ袋がしっかりとつかればOK。

直径約25cmの耐熱ボウルがベストですが、材料を入れたポリ袋がしっかりと水につかっていれば、小さなボウルでも大丈夫です。ほかにも写真のような電子レンジ加熱に対応している耐熱コンテナを使ってもよいですよ。
⇒くわしくはp.6で紹介しています。

Q ポリ袋が破けそうでちょっと心配です。

A 2枚重ねて使っても、加熱時間は変わりません。

ポリ袋に食材や調味料を入れてもむときに、食材のかたさや形状などによってポリ袋が破けやすくなることもあります。不安に思ったときには、ポリ袋を二重にして使ってください。加熱時間に影響はありません。

Q 買った肉は300gだけど、レシピでは250g。レシピどおりの加熱時間でレンチンしてもいいですか？

A 加熱時間は食材の重量に合わせて。

電子レンジ調理では食材の重量によって加熱時間が決まるので、その重量に合わせて時間を調整してください。レシピに記載している分量よりも多いからといって、それに合わせるために肉を切り分ける必要はありません。400g以上の大きなかたまり肉は熱が通りにくいので、200g単位に肉を切り分けて、それぞれで加熱してください。
⇒重量の違いによる加熱時間の目安はp.7で紹介しています。

Q 肉が沈まずに浮いてきちゃいます。

A 小皿をのせて肉を沈めましょう。

脂肪分の多い豚バラ肉、皮のついた鶏もも肉などは、水に沈まずに浮いてしまうことがあります。そのまま加熱すると、肉の中心まで熱が伝わりません。そんなときは耐熱性のある小皿などをポリ袋の上にのせ、肉全体を水の中にしっかりと沈めてください。

Q 加熱した豚肉を切ったら、濃い赤い部分がありました。

A 「血合い」なので、とり除けば大丈夫です。

「血合い」は食べても問題のないものですが、その部分は少しかたく苦みもあるので、とり除いたほうがおいしく食べられます。包丁やナイフで切りとってみてください。

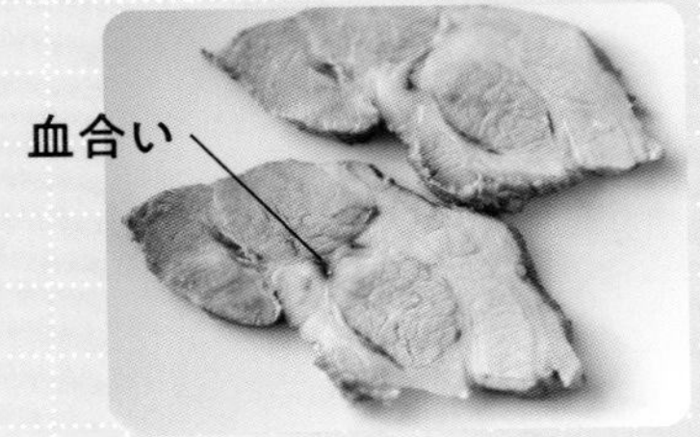

Q 時間どおりに加熱・放置をしたけど、肉の中心まで熱が通っているか心配です。

A 赤みが残るようであれば、再加熱を。

肉の厚みや大きさ、水への沈みぐあいによって加熱ムラができることがあります。鶏肉でも豚肉でも、切ってみて断面がほんのり赤かったら、まだ生の状態で加熱が足りません。生肉のまま食べると食中毒の原因になります。赤みが残っていたら食べるサイズに切り分けてポリ袋に入れ、電子レンジで30秒ほど加熱して様子を見てください。再加熱すると食感はかたくなります。

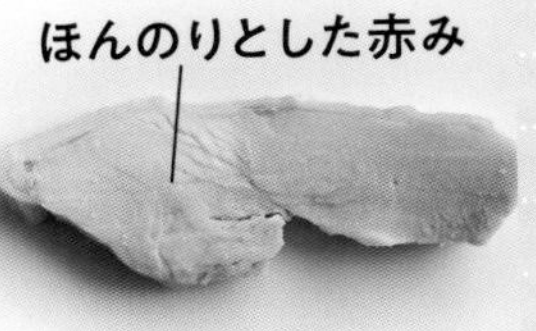

Column

CHAPTER 2

忙しい日には
こんなごはんが
ちょうどいい

〝ポリ袋レンチン〟で作ってもらいたい定番おかず

定番おかずはよく食卓に登場するだけに、
手軽に作れたら毎日の料理がとっても楽になりますよね。
〝ポリ袋レンチン〟なら、食材と調味料を入れて電子レンジで「チン！」するだけ。
熱の通りにくい食材は、先に加熱してから
ほかの食材を加えるという例外も少しはあるけれど、
それくらいの手間は気にならないほどおいしいんです。

いつものメニューを

〝ポリ袋レンチン〟おかずの基本の作り方

このページでは、p.62-63で紹介する回鍋肉の材料を使って、〝ポリ袋レンチン〟の作り方のポイントをご紹介します。

食材は食べやすく切っておくとラク

STEP 1 ポリ袋に材料を入れる

耐熱ボウルにポリ袋をのせて口を開き、ポリ袋に野菜、豚肉を入れ、薬味、調味料などを回し入れる。

STEP 2 よく振る

袋の口を手で持ってしっかり閉じ、調味料などが全体に行き渡るように両手で10回ほど振る。食材によってはもみ込むものも。再び耐熱ボウルにのせる。

〝ポリ袋レンチン〟で。

「カットした食材と調味料をポリ袋に入れて、ふりふり。そのままレンチンすれば、主菜や副菜、ごはん物まで、いつものメニューがあっという間に仕上がります。フライパンやなべを使わないから、料理が得意でない人も安心。食べたいときにすぐに作れる。忙しい人にこそ活用してもらいたい調理法なんです。」

STEP 3

袋の口をしばらずチン！

袋の口は開けたまま電子レンジで加熱する。料理によっては、加熱ムラをなくすために、途中でいったんとり出してまぜるものも。

器に盛って
食卓へ！

盛りつけるときは、袋の端を持って上から10㎝くらいのところでキッチンばさみで切ると、扱いやすい。袋から直接お皿へ滑らせるようにするとスムーズ。

回鍋肉のくわしい材料と盛りつけ例は次のページへ⇒

☑ **主菜づくりがラクラク！** ≫ p.62〜79
☑ **副菜はさらに時短** ≫ p.80〜83
☑ **ひと皿ごはんも得意** ≫ p.84〜92
☑ **なんとハンバーグも作れちゃう** ≫ p.78

主菜

ポリ袋で主菜を作る

なべも、フライパンも、ボウルさえも汚さずに人気おかずの完成です！

〝ポリ袋レンチン〞で作るおかずは、材料と調味料をポリ袋に入れて電子レンジで加熱するだけ。熱の通りにくい食材は加熱を２回に分けて。全部ポリ袋の中で作業を行うから、洗い物も少なくてとってもラクちん。得意とするいため物をはじめ、煮物や汁けのあるものなど、意外といろいろな料理が作れるんですよ。

回鍋肉（ホイコーロー）　4+4分（レンチン）

材料（2人分）

豚バラ薄切り肉…100g
キャベツ…200g
ピーマン…2個（正味60g）
玉ねぎ…½個（100g）
A
- にんにくのすりおろし…小さじ½
- みそ…大さじ2
- 酒…大さじ1
- 砂糖…小さじ2
- 豆板醤、ごま油、かたくり粉…各小さじ1

作り方

1. キャベツは大きめのざく切りにする。ピーマンは縦1.5cm幅に切り、玉ねぎは1cm厚さのくし形に切る。豚肉は3cm幅に切る。
2. p.60〜61の作り方**1**〜**3**と同様にし、ポリ袋に**1**と**A**を入れ、電子レンジで4分加熱する。いったんとり出して、袋が破けないように気をつけながらゴムべらで大きく全体をまぜ、再び電子レンジで4分加熱する。

途中でまぜて調味料を行き渡らせて

主菜

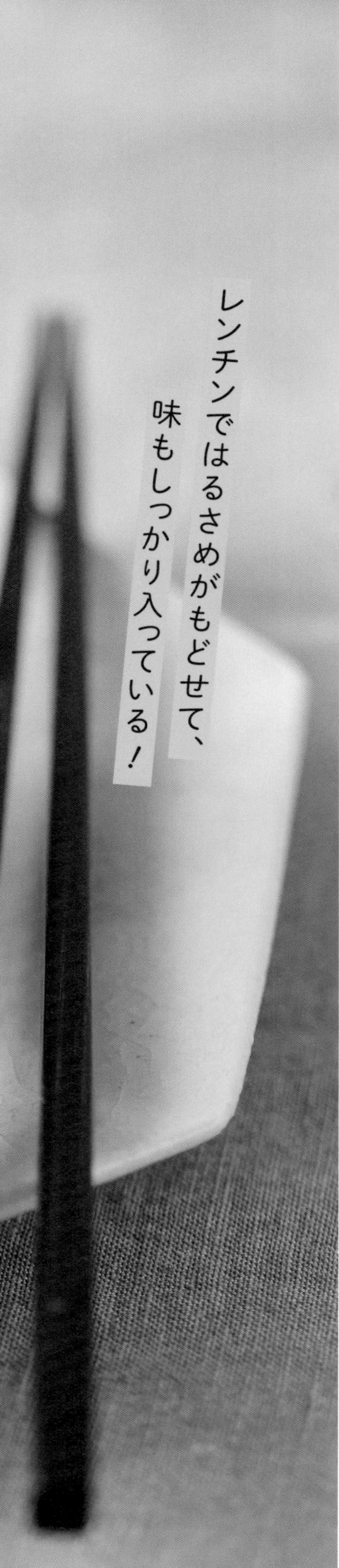

麻婆はるさめ

レンチン 3+3分

材料（2人分）

合いびき肉…100g
はるさめ…50g
ねぎ…50g
しいたけ…2個
細ねぎの小口切り…適量

A
- 酒、みそ…各大さじ2
- 砂糖、しょうゆ、ごま油…各小さじ2
- 豆板醤…小さじ½

作り方

1. ねぎはみじん切りにし、しいたけは薄切りにする。
2. 耐熱ボウルにポリ袋をのせて口を開き、ポリ袋にひき肉、ねぎ、しいたけ、**A**を入れ、袋の上から10回ほどもんでなじませる。再び耐熱ボウルにのせ、はるさめをキッチンばさみで半分に切って加え、水1カップを回し入れる。
3. 袋の口は開けたまま電子レンジで3分加熱する。いったんとり出して、菜箸で大きく全体をまぜ、再び電子レンジで3分加熱する。
4. 器に盛り、細ねぎをのせる。

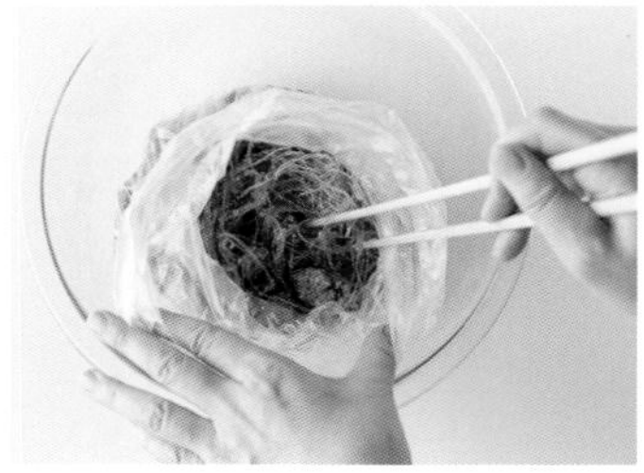

袋を破かないように
気をつけて

memo

はるさめはショートタイプが便利

一般的なはるさめを使うよりも、小分けタイプやショートタイプなら切らずに使えてより手軽。いったんとり出してやさしく箸でまぜたあと、はるさめを水分に浸すようにして再加熱するとムラなくもどせます。

肉じゃが

材料（2人分）

牛こまぎれ肉…100g
じゃがいも…大2個（正味300g）
玉ねぎ…¼個（50g）
糸こんにゃく（下ゆで不要のもの）…50g
めんつゆ（3倍濃縮）…大さじ2

作り方

1. じゃがいもは大きめの一口大に切る。耐熱ボウルにポリ袋をのせて口を開き、ポリ袋にじゃがいも、ひたひたの水を入れて5分ほどさらす。水を捨てて再び耐熱ボウルにのせ、袋の口は開けたまま電子レンジで3分加熱する。
2. 玉ねぎは1㎝厚さのくし形に切る。糸こんにゃくは食べやすく切る。牛肉は大きければ食べやすく切る。
3. **1**の加熱が終わったらいったんとり出し、**2**を加えてめんつゆを回しかける。袋の上から軽くもみ、再び電子レンジで4分加熱する。とり出して、牛肉をほぐしながら全体をまぜる。

じゃがいもをチンしてから
ほかの材料を加えて

主菜

豚キムチ

材料（1〜2人分）

豚こまぎれ肉…100g
玉ねぎ…½個（100g）
にら…¼束（30g）
白菜キムチ…100g
A ｜オイスターソース、ごま油、かたくり粉…各小さじ1
　｜水…大さじ1

作り方

1. 玉ねぎは1㎝厚さのくし形に切り、にらは3㎝長さに切る。
2. 耐熱ボウルにポリ袋をのせて口を開き、ポリ袋に**1**、豚肉、白菜キムチ、**A**を入れる。袋の口を手で持って閉じ、両手で10回ほど振る。再び耐熱ボウルにのせる。
3. 袋の口は開けたまま電子レンジで4分加熱する。

このままチンしてでき上がり！

タッカルビ

3+3分 レンチン

材料(2人分)

鶏ももから揚げ用肉…150g
さつまいも…100g
キャベツ…50g
玉ねぎ…¼個(50g)

A
しょうがのすりおろし、
にんにくのすりおろし…各小さじ1
しょうゆ…大さじ1
コチュジャン、ごま油…各大さじ½
砂糖、かたくり粉…各小さじ1

作り方

1. さつまいもは1㎝厚さの半月切りにする。キャベツはざく切りにし、玉ねぎは1㎝厚さのくし形に切る。
2. 耐熱ボウルにポリ袋をのせて口を開き、**1**、鶏肉、**A**を入れる。袋の口を手で持って閉じ、両手で10回ほど振る。再び耐熱ボウルにのせる。
3. 袋の口は開けたまま電子レンジで3分加熱する。いったんとり出して、ゴムべらで大きく全体をまぜ、再び電子レンジで3分加熱する。

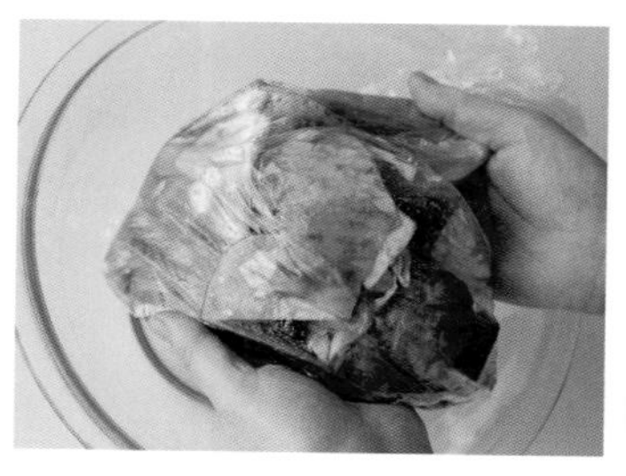

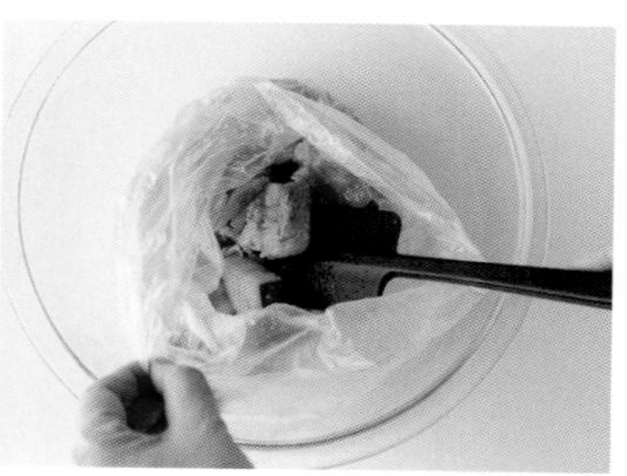

大きくまぜて、
加熱ムラをなくして
味をなじませて

こんな食べ方も

盛りつけて熱いうちにピザ用チーズをかければ、チーズタッカルビに。また、本場韓国では、なべに残った煮汁に白いごはんをまぜて食べるのが定番です。甘辛い味がよく合うので、ごはんにかけて食べても。

コチュジャンの甘辛味が
さつまいもにしみておいしい！

ポークビーンズ

材料（作りやすい分量）

豚こまぎれ肉…100g
蒸し大豆…1袋（100g）
玉ねぎ…¼個（50g）
カットトマト缶…½缶（200g）

A
ローリエ…1枚
トマトケチャップ…大さじ2
ウスターソース、小麦粉…各大さじ1
顆粒スープ…小さじ1
塩、こしょう…各少々

作り方

1. 玉ねぎは2㎝四方に切り、豚肉は1㎝幅に切る。
2. 耐熱ボウルにポリ袋をのせて口を開き、ポリ袋に**1**、蒸し大豆、カットトマト、**A**を入れる。袋の口を手で持って閉じ、両手で10回ほど振る。再び耐熱ボウルにのせる。
3. 袋の口は開けたまま電子レンジで5分加熱する。いったんとり出して、ゴムべらで大きく全体をまぜ、再び電子レンジで5分加熱する。

パンにパスタに、おつまみに。常備菜としてよく作ります。

白ごはんが進む
濃厚な味わいです。

牛肉とまいたけのオイスターソース蒸し

材料（2人分）

牛こまぎれ肉…200g
まいたけ…1パック（100g）

A
酒、サラダ油…各大さじ1
かたくり粉…大さじ½
塩、こしょう…各少々

B
オイスターソース、しょうゆ…各大さじ1
黒酢、ごま油…各小さじ1

作り方

1. 耐熱ボウルにポリ袋をのせて口を開き、ポリ袋に牛肉、**A**を入れ、袋の上から10回ほどもんでなじませる。まいたけを食べやすい大きさにほぐして加え、**B**を加える。袋の口を手で持って閉じ、両手で10回ほど振る。再び耐熱ボウルにのせる。
2. 袋の口は開けたまま電子レンジで3分加熱する。いったんとり出して、ゴムべらで大きく全体をまぜ、再び電子レンジで3分加熱する。とり出して、牛肉をほぐしながら全体をまぜる。

**かたくり粉の効果で
しっとり感アップ**

主菜

鶏肉ときのこのシュクメルリ風

レンチン 5+5分

材料(2人分)

鶏ももから揚げ用肉…200g
マッシュルーム…4個
エリンギ…1本(50g)
カリフラワー(または、じゃがいも)…正味100g
牛乳…1カップ
バター…20g

A
- にんにくのすりおろし…小さじ½
- 小麦粉…大さじ2
- 塩…小さじ½
- こしょう…少々

作り方

1. マッシュルームは薄切りにし、エリンギは3cm長さの薄切りにする。カリフラワーは小房に分ける(じゃがいもの場合は、一口大に切る)。
2. 耐熱ボウルにポリ袋をのせて口を開き、ポリ袋に**1**、鶏肉、**A**を入れる。袋の口を手で持って閉じ、両手で10回ほど振る。牛乳を注いでバターをのせ、再び袋の口を手で持って閉じ、袋の上から全体をなじませるように軽くもむ。再び耐熱ボウルにのせる。
3. 袋の口は開けたまま電子レンジで5分加熱する。いったんとり出して、ゴムべらで大きく全体をまぜ、再び電子レンジで5分加熱する。

この牛乳がおいしい煮汁になる

鶏肉をにんにくと牛乳で
おいしく煮込みました。

骨つき肉のうまみも
レンチン10分で引き出せます。

鶏手羽のバスク風煮込み

レンチン 5+5分

材料（1~2人分）

鶏手羽中…4本（150g）
ベーコン…1枚
パプリカ（赤）…½個（正味50g）
ピーマン…1個（正味30g）
玉ねぎ…¼個（50g）
トマト…1個（200g）

A
- にんにくのすりおろし…小さじ½
- 白ワイン、オリーブ油、小麦粉…各大さじ1
- 塩…小さじ½

作り方

1. パプリカは縦1cm幅に切り、ピーマンは縦2cm幅に切る。玉ねぎは1cm厚さのくし形に切り、トマトはざく切りにする。ベーコンは細切りにする。
2. 耐熱ボウルにポリ袋をのせて口を開き、ポリ袋に**1**、鶏肉、**A**を入れ、袋の上から全体をなじませるように軽くもむ。再び耐熱ボウルにのせる。
3. 袋の口は開けたまま電子レンジで5分加熱する。いったんとり出して、ゴムべらで大きく全体をまぜ、再び電子レンジで5分加熱する。

鶏手羽中の骨で袋を破かないように気をつけて

上下を返してムラなく熱を通して

主菜
ポリ袋で
ハンバーグが
作れるなんて！

煮込みハンバーグ

4+4分 レンチン

「肉だねをポリ袋に入れたままこねて、袋の上から形をととのえるハンバーグ。肉だねに直接さわらないから、手も汚れません。「ハンバーグを作りたいけれどめんどうだな」と思った日に試してもらいたい自信作です。」

材料（2人分）

肉だね

- 合いびき肉…200g
- 玉ねぎのみじん切り…¼個分（50g）
- パン粉…大さじ4
- 牛乳、マヨネーズ…各大さじ1
- 塩…小さじ¼

しめじ…½パック（50g）

A｜トマトケチャップ、ウスターソース、赤ワイン…各大さじ2

作り方

1. 耐熱ボウルにポリ袋をのせて口を開き、ポリ袋に肉だねの材料を入れ、袋の上からよくもんで肉だねを作る。袋の底のほうに肉だねを寄せ、まん中に指で筋をつけて2等分にする。袋の上から両手でそれぞれを平たい円形にととのえる。再び耐熱ボウルにのせる。
2. Aをまぜてから回し入れ、しめじをほぐして加える。
3. 袋の口は開けたまま電子レンジで4分加熱する。いったんとり出して、袋を軽くゆすって調味料をなじませ、再び4分加熱する。

袋の中で肉だねをこねるから手がきれいなまま

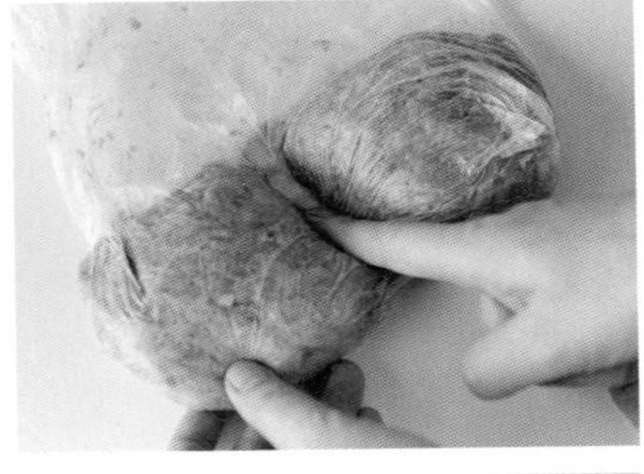

指で筋をつけて簡単に2等分に

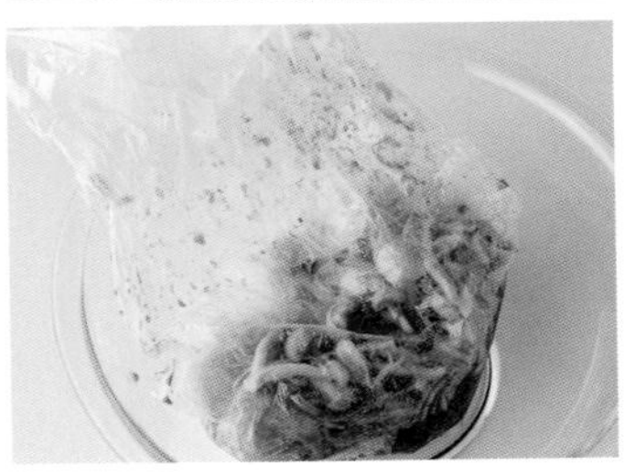

memo

赤ワインなしでも作れます

赤ワイン風味が気になる場合は、水大さじ2におきかえてもおいしくできます。子どもにおすすめです。

副菜

ポリ袋で副菜を作る

電子レンジを活用して、あっという間にもう1品。

手元にある野菜を切って調味液をまぜたら、あとは電子レンジにおまかせ。すぐにできるから、お弁当のおかずにもおすすめです。

しっかりと味がしみ込んでます。

7分 レンチン

きんぴらごぼう

材料（作りやすい分量）

ごぼう…100g
にんじん…正味50g

A
酒、砂糖、みりん、しょうゆ…各大さじ1
ごま油…小さじ1
いり白ごま…少々

作り方

1. ごぼうとにんじんは4cm長さの細切りにする。
2. 耐熱ボウルにポリ袋をのせて口を開き、ポリ袋に**1**、**A**を入れる。袋の口を手で持って閉じ、両手で10回ほど振る。再び耐熱ボウルにのせる。
3. 袋の口は開けたまま電子レンジで7分加熱する。

きゅうりの甘酢煮

ピリ辛の漬け物は
ごはんのお供に。

材料（作りやすい分量）

きゅうり…1本（90g）
しょうが…½かけ

A
砂糖、酢、しょうゆ…各大さじ1
塩…少々
赤とうがらしの小口切り…小さじ½

作り方

1. きゅうりは1cm厚さの輪切りにし、しょうがはせん切りにする。
2. 耐熱ボウルにポリ袋をのせて口を開き、ポリ袋に**1**、**A**を入れる。袋の口を手で持って閉じ、両手で10回ほど振る。再び耐熱ボウルにのせる。
3. 袋の口は開けたまま電子レンジで2分加熱する。

ポロポロ食感が
たまらない。

にんじんのたらこあえ

材料（作りやすい分量）

にんじん…正味100g
たらこ…20g

A
酒…大さじ1
オリーブ油…小さじ1

作り方

1. にんじんは4cm長さの細切りにする。たらこは薄皮を除く。
2. 耐熱ボウルにポリ袋をのせて口を開き、ポリ袋に**1**、**A**を入れる。袋の口を手で持って閉じ、両手で10回ほど振る。再び耐熱ボウルにのせる。
3. 袋の口は開けたまま電子レンジで2分加熱する。

副菜

3分 レンチン

きのこのガーリックオイル蒸し

材料（作りやすい分量）

きのこ（しめじ、エリンギ、しいたけなど）…200g
にんにくのみじん切り…1かけ分
A
オリーブ油…大さじ1
しょうゆ…小さじ1
塩…少々

作り方

1. しめじはほぐし、エリンギは4cm長さに切って薄切りにする。しいたけは四つ割りにする。
2. 耐熱ボウルにポリ袋をのせて口を開き、ポリ袋に**1**、にんにく、**A**を入れる。袋の口を手で持って閉じ、両手で10回ほど振る。再び耐熱ボウルにのせる。
3. 袋の口は開けたまま電子レンジで3分加熱する。

さつまいものレモン煮

8分 レンチン

材料（作りやすい分量）

さつまいも…小1本（200g）
A
砂糖…大さじ3
レモン汁…大さじ1
塩…少々
水…½カップ

作り方

1. さつまいもは皮つきのまま1.5cm厚さの輪切りにする。
2. 耐熱ボウルに**1**のポリ袋をのせて口を開き、**A**を加える。袋の口を手で持って閉じ、両手で10回ほど振る。再び耐熱ボウルにのせる。
3. 袋の口は開けたまま電子レンジで8分加熱する。

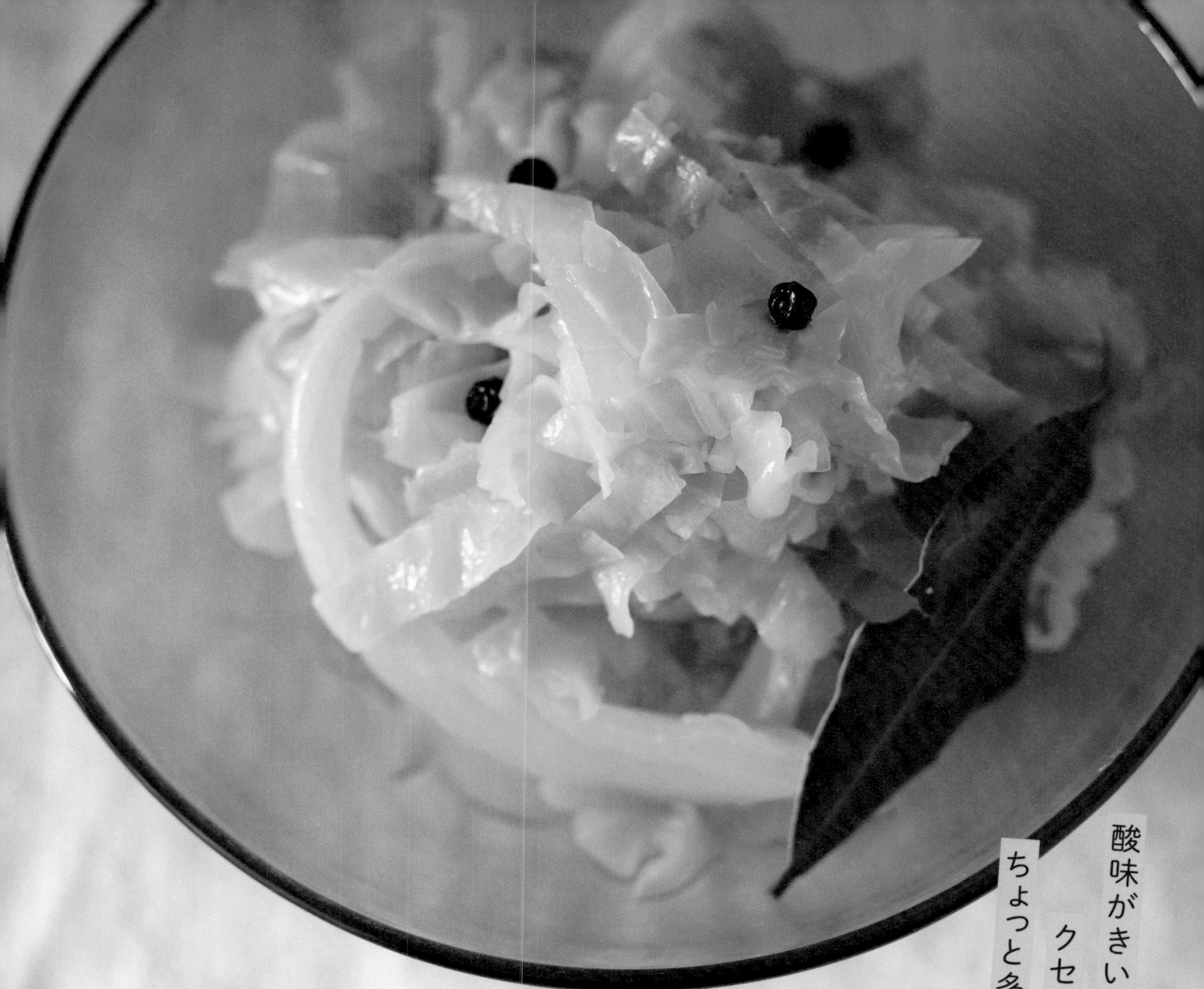

酸味がきいたキャベツが
クセになる。
ちょっと多めがちょうどいい。

ザワークラウト風

レンチン 3分

材料(作りやすい分量)

キャベツ…1/4個(250g)

A
- オリーブ油、白ワインビネガー(または酢)…各大さじ1
- 粒黒こしょう…5粒
- 塩…小さじ1/3
- ローリエ…1枚

作り方

1. キャベツは1cm幅に切る。
2. 耐熱ボウルにポリ袋をのせて口を開き、ポリ袋に**1**、**A**を入れる。袋の口を手で持って閉じ、両手で10回ほど振る。再び耐熱ボウルにのせる。
3. 袋の口は開けたまま電子レンジで3分加熱する。

ポリ袋でごはん物を作る

少人数分のカレーやどんぶり物こそポリ袋を活用すべき！

人気メニューのカレーや定番のどんぶり物も、ポリ袋レンチンなら行程がシンプル。１〜２人分を作るのにちょうどいいボリュームで、なべで作るよりスピーディー。ごはんがどんどん進む味わいなので、パパッとすませたいランチや、しっかり食べたい晩ごはんにおすすめです。

バターチキンカレー

レンチン 5+3分

材料（2〜3人分）

鶏ももから揚げ用肉…300g

A
- カットトマト缶…½缶（200g）
- 青とうがらし（または、ししとうがらし）のみじん切り…1本分
- しょうがのすりおろし、にんにくのすりおろし…各小さじ1
- プレーンヨーグルト…大さじ2
- 生クリーム（あれば）…大さじ2
- バター…20g
- カレー粉、トマトケチャップ…各大さじ1
- 小麦粉…小さじ1
- 塩…小さじ½

あたたかいごはん…適量

作り方

1. 耐熱ボウルにポリ袋をのせて口を開き、ポリ袋に鶏肉、Aを入れ、袋の上から全体をなじませるように軽くもむ。再び耐熱ボウルにのせる。
2. 袋の口は開けたまま電子レンジで5分加熱する。いったんとり出して、ゴムべらで大きく全体をまぜ、再び電子レンジで3分加熱する。
3. 器にごはんを盛り、2を別の器に盛って添え、好みでパクチーをのせる。

加熱途中でまぜて、味をしっかりなじませて

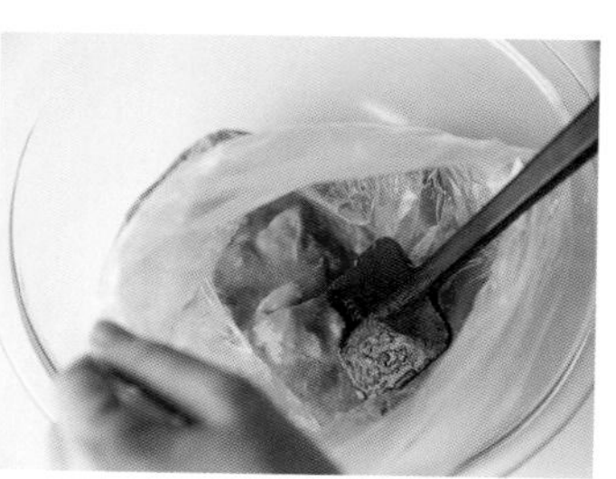

材料は一度に全部入れ。
私史上最高に簡単に作れる
スパイスカレーがこちらです。

台湾の家庭の味が
10分でできちゃう。
ゆで卵をのせても。

ルーローハン

3+3分 レンチン

材料（2人分）

豚バラ薄切り肉…300g

A
- しょうがのすりおろし、
  にんにくのすりおろし…各小さじ1
- しょうゆ…大さじ2
- 酒、砂糖…各大さじ1
- ごま油…小さじ1
- 五香粉…少々

高菜漬けのみじん切り…適量
あたたかいごはん…適量

作り方

1. 豚肉は1㎝幅に切る。
2. 耐熱ボウルにポリ袋をのせて口を開き、ポリ袋に**1**を入れ、**A**を加え、袋の上から全体をなじませるように軽くもむ。再び耐熱ボウルにのせる。
3. 袋の口は開けたまま電子レンジで3分加熱する。いったんとり出して、ゴムべらで大きく全体をまぜ、再び電子レンジで3分加熱する。
4. 器にごはんを盛って**3**をかけ、高菜漬けをのせる。

中華丼

レンチン 5+5分

材料（2人分）

豚こまぎれ肉…100g
ちくわ…2本（70g）
白菜…200g
玉ねぎ…¼個（50g）
にんじん…正味50g
A
鶏ガラスープのもと、ごま油、かたくり粉…各小さじ2
塩、こしょう…各少々
水…½カップ
あたたかいごはん…適量

作り方

1. ちくわは5㎜厚さの輪切りにする。白菜は4㎝長さに、玉ねぎは1㎝厚さのくし形に切り、にんじんは短冊切りにする。
2. 耐熱ボウルにポリ袋をのせて口を開き、ポリ袋に**1**、豚肉を入れ、**A**をまぜてから加える。袋の口を手で持って閉じ、両手で10回ほど振る。再び耐熱ボウルにのせる。
3. 袋の口を開けたまま電子レンジで5分加熱する。いったんとり出して、ゴムべらで大きく全体をまぜ、再び電子レンジで5分加熱する。
4. 器にごはんを盛って**3**をかける。

やさしくふりふりして

電子レンジで
絶妙なとろみを再現。

牛丼

材料（2人分）

牛こまぎれ肉…200g
玉ねぎ…½個（100g）
しょうが…1かけ
A｜めんつゆ（3倍濃縮）…大さじ2
　｜砂糖…小さじ1
　｜水…大さじ3
あたたかいごはん…適量
細ねぎの小口切り、紅しょうが…各少々

作り方

1. 玉ねぎは1cm厚さのくし形に切り、しょうがはせん切りにする。牛肉は大きければ食べやすく切る。
2. 耐熱ボウルにポリ袋をのせて口を開き、ポリ袋に**1**、**A**を入れ、袋の上から全体をなじませるように軽くもむ。再び耐熱ボウルにのせる。
3. 袋の口は開けたまま電子レンジで5分加熱する。
4. 器にごはんを盛って**3**をかけ、細ねぎと紅しょうがをのせる。

材料を合わせて軽くもんだらレンチンするだけ

めんつゆに少量の砂糖でコクが加わるんです。

かくし味に「みそ」を使って、
うまみを増幅させて。

キーマカレー

レンチン 3+3分

材料(2人分)

豚ひき肉…150g
玉ねぎ…¼個(50g)
A
カットトマト缶…¼缶(100g)
しょうがのすりおろし、
にんにくのすりおろし…各小さじ1
カレー粉、みそ…各小さじ2
塩…小さじ⅓
あたたかいごはん…適量

作り方

1. 玉ねぎはみじん切りにする。
2. 耐熱ボウルにポリ袋をのせて口を開き、ポリ袋に**1**、ひき肉、**A**を入れ、袋の上から全体をなじませるように10回ほどもむ。再び耐熱ボウルにのせる。
3. 袋の口は開けたまま電子レンジで3分加熱する。いったんとり出して、ゴムべらで大きく全体をまぜ、再び電子レンジで3分加熱する。
4. 器にごはんを盛って**3**をかける。

**まぜて
加熱ムラをなくして**

鶏そぼろ丼 3+2分 レンチン

材料（2人分）

鶏そぼろ

鶏ひき肉…150g
しょうがのすりおろし…1かけ分
砂糖、しょうゆ…各大さじ1½
酒、みりん…各大さじ½

卵そぼろ

卵…2個
砂糖…大さじ1

あたたかいごはん…適量

作り方

1. 鶏そぼろを作る。耐熱ボウルにポリ袋をのせて口を開き、ポリ袋に鶏そぼろの材料をすべて入れ、袋の上から全体をなじませるように10回ほどもむ。再び耐熱ボウルにのせる。
2. 袋の口は開けたまま電子レンジで3分加熱する。とり出してあら熱がとれたら、ゴムべらでそぼろ状にほぐす。
3. 卵そぼろを作る。新しいポリ袋に卵を割り入れて袋の上から手でつぶし、砂糖を加えて2〜3回もむ。耐熱ボウルに袋ごとのせ、袋の口は開けたまま電子レンジで2分加熱する。とり出してあら熱がとれたら、ゴムべらでそぼろ状にほぐす。
4. 器にごはんを盛って**2**と**3**をのせ、好みで三つ葉を添える。

そぼろの大きさは好みでOK

卵そぼろもポリ袋で

なべを洗うのがめんどうだな問題が
ポリ袋レンチンで一気に解決！

ごはん物

どんぶり物の王道、「卵とじ」もできる！

えび玉丼

レンチン 3分＋1分30秒

材料（2人分）

むきえび…200g
卵…2個
玉ねぎ…¼個（50g）
A 揚げ玉…大さじ2
　めんつゆ（3倍濃縮）…大さじ1½
　水…大さじ4
あたたかいごはん…適量
細ねぎの小口切り…適量

作り方

1. えびは洗って水けをふく。玉ねぎは縦薄切りにする。
2. 耐熱ボウルにポリ袋をのせて口を開き、ポリ袋に**1**、**A**を入れ、袋の上から全体をなじませるように軽くもむ。再び耐熱ボウルにのせる。
3. 袋の口は開けたまま電子レンジで3分加熱する。いったんとり出して、卵をといてから回し入れ、再び電子レンジで1分30秒加熱する。
4. 器にごはんを盛って**3**をかけ、細ねぎをのせる。

とき卵を回し入れて
全体に行き渡らせて

“ポリ袋レンチン”はもっと使える！

主菜、副菜、ごはん物だけでなく、いろいろなことに活用して、おいしく時短調理を。
日ごろから活用しているポリ袋レンチンテクニックを紹介します。

油揚げの甘煮

材料（10切れ分）

油揚げ…５枚

A
- みりん、砂糖、しょうゆ…各大さじ3
- 水…½カップ

作り方

1. 油揚げはまないたにおいて菜箸をのせて押しながら転がし、半分に切って中を開く。ぬるま湯で洗って油抜きをし、水けをしぼる。
2. 耐熱ボウルにポリ袋をのせて口を開け、ポリ袋に**1**、**A**を入れ、袋の上から軽くもむ。袋ごと耐熱ボウルにのせ、袋の口は開けたまま電子レンジで6分加熱し、そのまま冷ます。

甘いお揚げは6分で

油揚げの甘煮は、うどんやいなりずしに、刻んであえ物の具などに、幅広く活用しています。

Column

干ししいたけも4分でもどる

干ししいたけ4個は水1カップとともに、ポリ袋に入れて耐熱ボウルにのせ、袋の口は開けたままレンチンします。加熱時間は4分で、そのままあら熱がとれるまで冷まして。さらに、干ししいたけの甘煮の作り方をご紹介します。

干ししいたけの甘煮

材料（作りやすい分量）

もどした干ししいたけ…4個（80g）
みりん、砂糖、しょうゆ…各大さじ2

作り方

ポリ袋にすべての材料を入れ、菜箸で軽くまぜる。袋の口は開けたまま電子レンジで4分加熱し、そのまま冷ます。

私が大好きないなりずしもラクラク作れた！

「『ごはん同盟』という炊飯系ユニットをつくっているくらい私はごはんが大好きで、いなりずしにも目がありません。すし飯1合分に、汁けをしぼった干ししいたけの甘煮1枚分のみじん切りをまぜ、10等分にして丸め、甘いお揚げに詰めればいいんです。思い立ったらすぐにできる。レンチンってすごい！」

3 CHAPTER

「蒸しゆで効果」で
おいしくなる！

下ごしらえを〝ポリ袋レンチン〟におまかせしたい野菜おかず

野菜はゆでるよりも、ポリ袋に入れて電子レンジで加熱をしたほうが
食感もよく、お湯を沸かす手間も省けてスピーディー。
ここでは〝ポリ袋レンチン〟を活用した野菜の下ごしらえと味つけ例を紹介します。
下ごしらえした野菜は、ポリ袋に入れたまま冷蔵室で2〜3日保存もできます。
ポリ袋の口はしばらず、袋を軽く食材に密着させた状態でレンチンしてください。